TRAITÉ PRATIQUE

DE

PHOTOTYPIE

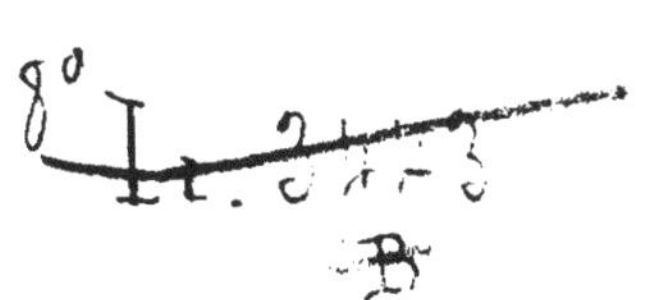

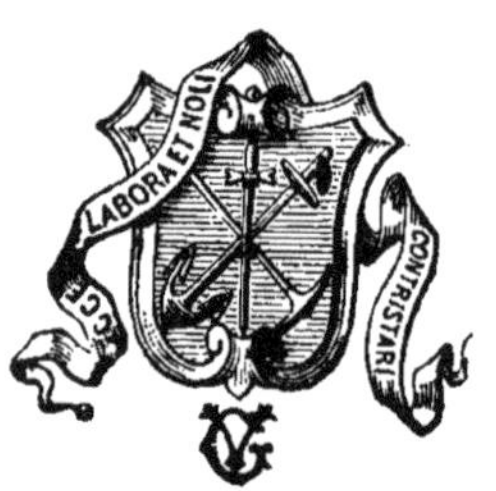
ECCE
LABORA ET NOLI
CONTRISTARI

BIBLIOTHÈQUE PHOTOGRAPHIQUE

TRAITÉ PRATIQUE

DE

PHOTOTYPIE

Par GEYMET

NOUVELLE ÉDITION

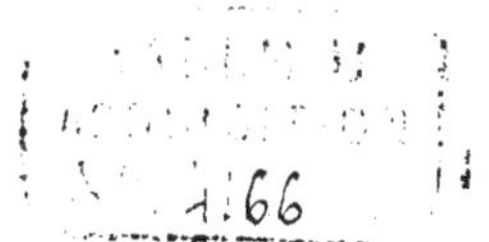

PARIS,

GAUTHIER-VILLARS ET FILS, IMPRIMEURS-LIBRAIRES

ÉDITEURS DE LA BIBLIOTHÈQUE PHOTOGRAPHIQUE

Quai des Grands-Augustins, 55.

1888

PRÉLIMINAIRES.

Le *Traité de Phototypie* dont nous donnons aujourd'hui une nouvelle édition, entièrement refondue, est le premier qui ait été édité en France et à l'étranger, dans un temps déjà éloigné où il était impossible de trouver des formules en dehors de ses propres recherches.

La reproduction d'un cliché photographique de demi-teintes à l'encre grasse était alors considérée comme un tour de force sans précédent. On ne voulait pas admettre, même avec des épreuves en main, que la presse fût apte à reproduire avec autant de délicatesse que le chlorure d'argent le travail fait par la lumière sur le négatif.

Le photographe était inquiet, anxieux, et nous nous souvenons qu'aux séances de la Société française de Photographie, nos épreuves, qui valaient les tirages sur papier chloruré, ne trouvaient pas l'accueil qu'elles méritaient. Le photographe voyait son avenir fort exposé si ce tirage se substituait à la reproduction au châssis-presse.

Tout est bien changé depuis ce temps, et la Phototypie, loin de troubler le photographe dans son atelier, lui a procuré des travaux supplémentaires, et les tirages phototypiques se sont tellement répandus qu'on est à se demander s'il serait possible aujourd'hui de supprimer le tirage sur gélatine, non-seulement en vue des épreuves qu'il jette à profusion dans l'industrie à des prix minimes, mais par suite des facilités qu'il apporte pour simplifier les travaux du lithographe et du graveur chimique.

Chaque jour faisait éclore un nouveau procédé de Phototypie, copié sur celui de la veille et dérivant sans modifications sérieuses de la méthode indiquée par Poitevin.

En remaniant dans son entier cette Partie de notre Ouvrage, nous passerons sous silence tous les procédés plus ou moins ingénieux qu'on peut lire dans les Traités sur la matière, et nous nous bornerons à décrire deux méthodes qui nous appartiennent autant qu'à personne, et sur lesquelles nous n'avons même aucune prétention. Il nous suffit d'avoir été le premier à écrire un Livre sur la Phototypie, où chacun a pris ce qu'il a jugé convenable de prendre. Nous n'avons jamais réclamé.

Nous décrirons d'abord le procédé d'amateur, qui est en même temps le procédé du report dont la connaissance est indispensable au lithographe et au graveur et qui n'exige aucune installation. Le tirage se fait sur cuivre.

Nous traiterons après la Phototypie sur glace, qui est la méthode industrielle et qui seule peut fournir un très long tirage sur les presses à vapeur perfectionnées.

Nous sommes mieux que personne à même d'indiquer aux imprimeurs sur gélatine à venir tous les perfectionnements apportés au procédé dans les grandes industries qui ont plus ou moins réclamé notre concours à leur début.

TRAITÉ
DE PHOTOTYPIE

PREMIÈRE PARTIE.

CHAPITRE PREMIER.

PREMIÈRE MÉTHODE. — PHOTOTYPIE SUR CUIVRE.

Grainage des planches.

La couche de gélatine étendue sur une planche polie manque d'adhérence sur le cuivre. Elle ne résiste pas au rouleau dont la pression fait soulever des ampoules qui laissent bientôt le cuivre à nu en se déchirant.

Cet accident ne se produit pas sur une surface grainée. La gélatine pénètre dans l'intervalle des grains et se soude pour ainsi dire au cuivre.

La couche est alors résistante et les soulèvements ne sont plus à craindre.

Le grain offre d'autres avantages.

L'imprimeur sur gélatine prendra chez le planeur des cuivres d'épaisseur moyenne et doubles en dimensions des épreuves qu'il a à tirer.

Le spécialiste qui dresse la planche au marteau la livre, avec un grain très fin, peu accusé, qui tient du dépoli de la feuille de verre doucie.

C'est ce grain que l'imprimeur doit entretenir sur les cuivres à mesure qu'il s'affaiblit par l'usure et par le décapage, quand une couche de gélatine épuisée par le tirage fait place à une couche nouvelle.

La mixtion sur laquelle on a déjà imprimé est si bien fixée sur le cuivre, qu'un procédé mécanique quelconque ne saurait l'en détacher. Une réaction chimique peut seule dégager le métal.

On commence par laver la surface de la planche à l'essence de térébenthine, qui enlève tout ce qui reste du noir d'impression, et après que la planche a été passée à l'eau, on immerge le cuivre dans l'eau chaude acidulée à 20 pour 100 par l'acide sulfurique. Cet acide est sans influence sur le cuivre, mais il dissout presque immédiatement la gélatine, qui laisse le métal à nu.

Dans ces conditions, le grain de la planche ne subit aucune atteinte ; mais il est cependant à remanier, si l'on veut arriver, et c'est rigoureusement nécessaire, à éliminer ce qui reste de la vieille couche dans l'intervalle qui sépare les grains.

Si l'on négligeait d'enlever ces restes invisibles

de gélatine, les couches suivantes seraient criblées de bulles qu'aucun soin ne ferait disparaître.

On détache donc avec un racloir en bois ou en corne la gélatine qui couvre la planche, et l'on couvre le métal de sable.

Le grainage est une opération délicate qui réclame quelques soins.

On ne doit faire intervenir qu'un sable tamisé à l'avance qui est mis en réserve dans un flacon, pour l'usage.

La planche serait rayée profondément si, pour aller vite, on tentait de couvrir le cuivre en le saupoudrant à l'aide d'un tamis chargé d'un sable inégal.

Il suffit que quelques grains un peu forts passant par-dessus bord par suite du mouvement imprimé au crible tombent sur la planche pour paralyser le grainage.

Le tamis qui porte dans le commerce le n° 100 ou 110 donne un sable convenable. Tout sable, à l'exception du grès qui polit et ne graine pas, peut être employé à cet usage.

La planche est posée sur une dalle en glace ou sur une planche en chêne bien dressée pour subir l'opération du grainage. Un support irrégulier entraînerait des ondulations.

On commence par répandre du sable sur le métal, et on l'écrase, imbibé d'eau, avec une molette en verre qui doit en quelque sorte rouler sur place tout en élargissant peu à peu son cercle d'action. Le cuivre serait rayé si l'on tentait, pour se hâter, de faire courir la molette sur le métal.

Le grain est restauré en quelques minutes. Ce serait peine perdue de prétendre ramener la planche à son premier aspect. L'homme de métier peut seul et à grand'peine griser le cuivre par le grain, sans laisser trace de lignes brillantes.

Cette régularité n'est pas nécessaire pour obtenir de belles épreuves. Il suffit, au fond, que la surface qui reçoit la gélatine ne porte pas de rayures profondes qui marquent sur l'épreuve.

Les lignes de surface, quand le brillant résulte de l'attaque d'un sable formé de grains égaux, sont sans influence au moment de l'impression.

Nous prions le lecteur de donner toute son attention à ce qui suit, et surtout d'en tenir compte.

Après le grainage, il est très difficile d'enlever du métal les dernières traces invisibles de sable qui se sont logées dans les intervalles des grains. On n'y arriverait pas, malgré des lavages consciencieux et multipliés.

Il faut cependant ou que ce sable disparaisse ou renoncer à produire des épreuves parfaites.

Ces molécules, disséminées dans les pores de la planche, libres sur le métal et sans points d'attache, mais si difficiles à éliminer, sont la cause première de toutes les bulles à peine visibles qui ne s'élèvent pas au-dessus de la couche, mais qui restent dans l'épaisseur de la gélatine, au ras du cuivre, et que rien ne peut déloger. Ces bulles, limitées aux dimensions d'une pointe d'aiguille, et que l'on distingue à leur reflet brillant, restent en place malgré la chaleur de l'étuve, sans s'élever à la surface. Chacun de ces points produit, tôt ou tard, au cours du tirage, d'abord une cloque à peine visible sur la couche imprimante. Sous la pression du rouleau, l'ampoule gagne les parties voisines.

On élimine ce sable en passant sur le cuivre soigneusement lavé un carré de caoutchouc vulcanisé. Les blocs des presses à bomber peuvent remplir cet office.

On fait glisser le caoutchouc par une des arêtes sur le métal avec toute la pression que la main peut imprimer.

Le nettoyage doit se faire dans le sens de la longueur et de la largeur de la planche.

L'arête tranchante du caoutchouc pénètre par son élasticité dans les creux du cuivre et en chasse toutes les matières étrangères au métal. Malgré l'apparence contraire, on s'aperçoit, en passant le bloc élastique, que le cuivre a un grand besoin de ce nettoyage supplémentaire.

Le cuivre finement grainé est le meilleur support qu'on puisse donner à la couche de gélatine.

La planche de cuivre fournit un long tirage. Le zinc peut être substitué à ce dernier métal quand on ne demande à la couche de gélatine que quelques épreuves de report.

Dans ce cas, on choisit des feuilles minces.

Le zinc s'altère trop facilement et ne convient pas, à cause des nombreuses manipulations humides par lesquelles les planches ont à passer.

CHAPITRE II.

Formule de la mixtion sensible.

Formule. — Nous allons donner d'abord la formule de la mixtion sensible dans l'impression phototypique sur planches de cuivre :

1.	Eau ordinaire.	100^{cc}
	Gélatine	12^{gr}
	Colle de poisson	3
2.	Colle de peau.	50^{gr}
3.	Bichromate d'ammoniaque . . .	5^{gr}

On fait d'abord dissoudre au bain-marie la colle de poisson mise à gonfler la veille dans 100^{cc} d'eau. On ajoute ensuite la gélatine, et, après dissolution, la colle de peau.

La mixtion est sensibilisée avec les 3^{gr} de bichromate d'ammoniaque, qui sont réduits en poudre avant d'être incorporés. Le produit est filtré à chaud sur un carré de flanelle ou de mousseline à mailles serrées.

Gélatinage.

Les planches ne doivent pas être chauffées avant de recevoir la couche de gélatine. On les fait tiédir en hiver.

La chaleur soulèverait à la surface un grand nombre de bulles dont il serait difficile de se débarrasser.

Les cuivres jusqu'à 24 × 30 sont couverts à la main. On passe un blaireau à la surface pour enlever la poussière, et l'on verse la gélatine sur le haut du métal qu'on tient par un angle. On étend le liquide en promenant le doigt horizontalement sur la planche, de droite à gauche, et réciproquement.

L'excédent du liquide est repris dans un verre à part. Il est important de maintenir la planche d'aplomb pour éviter trop de perte de gélatine.

Les cuivres mixtionnés sans trop d'épaisseur de couche sont placés sur une table mise d'aplomb au niveau d'eau, et l'on attend que la gélatine ait fait prise.

En se raffermissant, la couche se couvre d'inégalités. Il s'y forme des dépressions arrondies; des bulles s'y développent. Il importe de faire disparaître ces défauts.

Les planches sont donc reprises une à une, puis placées au-dessus du foyer où l'on a fait dissoudre la gélatine. Il faut chauffer le métal en dessous régulièrement pour redissoudre la mixtion avec le moins de chaleur possible. C'est le seul moyen d'éviter de nouvelles bulles que trop de chaleur soulèverait du fond de la couche.

C'est le moment d'enlever les impuretés et de ramener vers les bords les bulles qui se montrent, non seulement au-dessus de la couche, mais surtout celles qui apparaissent comme un point brillant sur le cuivre, dans l'épaisseur de la gélatine. Ces bulles, presque imperceptibles, sont les plus dangereuses. La couche, au tirage, se perce jusqu'au cuivre sur ces points, qui, en s'élargissant, entraînent la destruction de la planche.

La couche de gélatine ne doit pas être très épaisse. On incline légèrement la planche pour ne laisser sur le métal que ce qui peut y tenir. Une couche trop épaisse donne des épreuves floues. Trop mince, la gélatine n'est pas solide.

Après la fusion de la gélatine, on chasse avec le doigt l'excès de mixtion qui s'amasse sur le bord des planches et l'on porte les cuivres gélatinés dans l'étuve.

Étuve.

Pour ce procédé, une armoire ordinaire peut servir d'étuve.

On met d'aplomb au niveau d'eau trois rangées de baguettes transversales, écartées de $0^{m},15$, pour permettre à l'air de circuler librement. C'est sur ces baguettes que les planches sont posées pour sécher. La chaleur de l'étuve ne doit pas dépasser 35° C. Le niveau de chaleur est maintenu à l'aide d'un thermomètre.

On chauffe l'appareil avec un bec de gaz ou avec une lampe à pétrole. Mais, ce qu'il faut observer surtout, c'est d'isoler les planches de la flamme à l'aide d'une tôle qui divise l'étuve en deux parties et qu'on place aux deux tiers de la hauteur du séchoir. Il n'est pas utile que la tôle soit percée.

L'emploi de la chaleur est indispensable pour donner de la solidité aux planches. La gélatine doit être *cuite*, en terme d'atelier.

Si la température de l'étuve dépassait 40° C., non seulement les planches gélatinées ne donneraient rien de bon au tirage, mais la gélatine, brûlée, sans en avoir l'apparence, manquerait d'adhérence sur le métal, et s'en irait en miettes sous la pression du rouleau, à l'encrage.

Il faut environ deux heures pour sécher les planches. Il y a toujours avantage à prolonger ce temps en réduisant le feu.

Les planches sensibilisées sont très difficiles à tirer après trois jours de préparation, en été surtout. Il faut, dans le procédé sur cuivre, les insoler le jour même ou le lendemain et les faire dégorger.

Si l'on emploie des gélatines très molles, l'insolation et le tirage peuvent être faits quatre ou cinq jours après. Il convient même d'attendre, dans le cas dont nous parlons, mais, de toutes manières, il est préférable d'insoler les planches le lendemain et de reculer le tirage au besoin.

Il est facile de reconnaître la qualité de gélatine qu'il faut choisir.

On trempe dans une cuvette d'eau, à moitié, une feuille de chaque échantillon de gélatine que l'on veut essayer. Celle qui résiste le plus longtemps sans faiblir est la plus dure. Si l'on s'aperçoit à l'emploi qu'elle donne une couche peu pénétrable à l'eau, on la mélange par moitié ou par quart avec une autre gélatine qui, sur l'échantillon, dans l'essai à l'eau, s'est montrée plus molle.

Il ne faut plus changer le produit pour trouver mieux, quand une qualité de gélatine dont on a pris note s'est comportée convenablement au tirage. L'alun qu'on ajouterait pour durcir la couche est un palliatif que nous n'approuvons pas.

Arrangement des négatifs en prévision des marges.

Le tirage sur gélatine réclame des soins particuliers de propreté.

Dans la lithographie ordinaire, les marges sortent nettes et immaculées. Si l'on veut obtenir le même résultat en Phototypie, il faut, avant l'insolation, masquer avec des feuilles d'étain minces et presque sans épaisseur pour éviter le flou, tout ce qui est en dehors de l'épreuve.

Les feuilles d'étain qui sont généralement employées peuvent être remplacées par des bandes de papier noir à aiguille. Ces bandes sont collées avec une solution de gomme légère sur la ligne exacte qui limite le dessin.

La lumière n'ayant plus d'accès sur les marges et le papier à l'impression n'y trouvant pas trace d'encre restera blanc sur ces parties. Dès lors les caches, dont l'emploi est forcé, resteront assez pures et pourront servir plus longtemps.

Le maniement des caches chargées d'encre dans les planches tirées sans encadrement entraîne un rebut considérable d'épreuves.

Si l'on insole sur pellicule libre et qu'on fixe un ou plusieurs négatifs sur la dalle du châssis-presse les bandes d'étain ou de papier seront placées en dedans de la même manière.

C'est sur la face qui porte le négatif que ces écrans se posent. Ce n'est qu'à cette condition que l'épreuve sort nettement tranchée et sans bavures.

Il est inutile d'ajouter que les angles déterminés par les feuilles d'étain doivent être droits et d'une grande précision. Les épreuves qui n'ont pas un encadrement régulier restent sans valeur. On ne saurait trop faire attention à ces détails qui ont beaucoup plus d'importance qu'on ne croit.

CHAPITRE III.

Insolation.

L'insolation se fait au châssis-presse sur un négatif retourné, pelliculaire ou non, et à l'ombre.

La Phototypie exige des clichés doux et parfaitement modelés.

Les négatifs durs et heurtés offrent de grandes difficultés au tirage.

La gélatine brûlée par la lumière dans les parties claires du cliché n'est pas solide et se détache du cuivre en écailles, tandis que, sous les parties sombres du négatif, la couche à peine touchée est usée après le tirage de quelques épreuves. Le papier colle sur les blancs et beaucoup d'épreuves sont perdues.

Les clichés au gélatinobromure conviennent peu pour ce genre de tirage, à moins qu'ils ne soient développés par des mains expérimentées, ou sous la direction de personnes qui connaissent le genre qui convient à la Phototypie. Il est certain maintenant que le gélatinobromure se prête aux exigences de tous les procédés.

Nous parlons ici des clichés de demi-teintes. Les négatifs de traits, même pour le tirage phototypique, doivent passer au contraire brusquement du blanc au noir.

Du châssis-presse.

Les châssis-presses en usage dans le tirage aux sels d'argent sont insuffisants pour l'insolation des couches de gélatine, soit sur cuivre, soit sur glace.

Les ressorts n'exercent pas assez de pression sur les planches.

C'est une dalle en verre qui doit remplacer la glace ordinaire du châssis. En place de ressorts flexibles, ce sont des vis en bois ou en cuivre qu'il convient d'adapter à l'appareil. Quatre barrettes en bois de chêne, armées chacune de trois vis, ne sont pas de trop pour assujettir la planche métallique sur le négatif. C'est à cette seule condition qu'on évitera le flou au tirage.

On ne négligera pas, en retournant les clichés qu'on ne veut pas conserver à l'état de pellicule, de les porter retournés sur une glace. Le verre, par défaut de planimétrie, ne résiste pas à la pression des vis et se brise infailliblement.

On peut fixer les pellicules sur la dalle du

châssis-presse avec du papier gommé et les reprendre après l'insolation pour les remettre en portefeuille.

Photomètre.

Dans le procédé sur glace, où l'on peut suivre la venue de l'épreuve à travers l'épaisseur du support, l'emploi du photomètre est inutile.

L'héliographie est retirée du jour ou soustraite à la lumière électrique, quand toutes les demi-teintes du négatif sont accusées sur la couche de gélatine sensible.

Cette inspection ne peut pas être faite quand le support de la gélatine est une feuille de cuivre.

L'opérateur habitué aux travaux de Phototypie juge de la valeur de l'insolation par la seule inspection des marges. Mais il faut un signe au débutant pour lui indiquer le moment précis où l'insolation est complète.

Le photomètre seul peut le guider. Nous conseillons aux opérateurs de se construire un photomètre, qui précisera d'autant mieux la pose qu'ils auront l'habitude de se servir toujours du même instrument.

Ils remplaceront le papier photographique sensible par une bande de papier recouvert de la mixtion qui sert à couvrir les cuivres. A chaque fournée de planches, un quart de feuille de papier formé en cuvette et mixtionné sera suspendu dans l'étuve et sèchera à la même chaleur que la gélatine dont les planches sont couvertes. On connaîtra, après un premier essai du photomètre, exactement le degré d'insolation des planches, en consultant la bande de papier où la lumière aura opéré la même oxydation que sur les planches.

Ce photomètre se construit en collant une bande de papier noir percé de quatre petites ouvertures rondes sur un verre. On couvre ensuite ces ouvertures d'une bande de papier écolier, à l'exception de celle du haut, qui ne doit être voilée par aucun écran.

Les trois autres ouvertures recevront, la première, trois ou quatre doubles de papier de soie, la seconde six doubles, et la troisième huit.

Si la bande de papier mixtionné est placée sous ces ouvertures, celle du haut, qui est libre de tout écran, lui indiquera, après un certain temps d'exposition, l'effet produit par la lumière dans les grands blancs du négatif, et sur la quatrième, qui est voilée de huit feuilles de papier que la lumière pénètre difficilement, il verra par la teinte imprimée sur la couleur jaune de la bande mixtionnée si la lumière a touché les parties de la planche placées sous les noirs les plus intenses du négatif.

On prendra note de la teinte plus ou moins brune que la lumière aura laissée sous la quatrième ouverture du photomètre, quand une planche insolée aura été mise au jour pendant un espace de temps de même durée que le papier teinté.

Cette teinte, quel que soit l'état de la lumière. indiquera la pose normale si la planche d'essai donne de bons résultats au tirage.

Avec des négatifs bien gradués de tons et sans voiles, le temps de pose varie peu. Une seule expérience peut être concluante.

Il pourrait se faire cependant que les ouvertures qui servent de guide pour déterminer la durée de l'exposition soient trop voilées et qu'il faille trop de temps à la lumière pour s'insinuer à travers les écrans. On supprimerait dans ce cas plusieurs feuilles de papier pour rendre le photomètre plus sensible.

On sera dans de bonnes conditions si la quatrième ouverture indique une teinte nettement accusée, après une demi-heure d'insolation à la lumière diffuse.

Une demi-heure à l'ombre est à peu près le temps normal d'exposition de la couche de gélatine.

Sur une planche régulièrement insolée, l'épreuve se détache en brun et avec tous ses détails, sur le fond jaune de la gélatine.

Une pose exagérée vaut mieux qu'une insolation incomplète. Dans le premier cas, le tirage peut se faire en laissant à la planche le temps de se ramollir dans l'eau; dans le second, la gélatine ne prend plus l'encre, après avoir donné quelques épreuves molles et sans vigueur.

Il faut noter cependant qu'on s'expose à brûler la couche en exagérant la pose, et qu'alors la gélatine sans corps ne résiste pas à l'effort du rouleau. Elle se détache par écailles. Cet accident se reproduit même avec une insolation régulière et précise si la plaque de cuivre a supporté dans l'étuve, pendant un certain temps, une chaleur de plus de 40°.

Ces observations, dont il faut tenir compte, portent sur des points très importants. Si l'on négligeait de s'y conformer, le tirage sur gélatine, qui est d'une grand simplicité, deviendrait un travail pénible et sans attrait.

Ciels. — Les négatifs de paysage donnent le plus souvent un ciel trop blanc, sans accident, et les épreuves s'en ressentent.

On teintera le ciel sur la couche de gélatine, comme on le fait quelquefois sur l'épreuve positive tirée sur papier, en couvrant avec un carton la partie de la planche déjà insolée qu'on retirera du châssis-presse. On teintera le haut de la planche en interposant un carton qu'on tiendra en mouvement pendant la durée de cette seconde insolation. La gélatine ne doit même pas être visiblement colorée. Il suffit que la lumière l'ait légèrement touchée.

Cette partie du ciel retiendra trace de noir à

l'encrage, et par le jeu du carton que le mouvement aura déplacé à chaque seconde, la teinte du ciel sera estompée et ne s'arrêtera pas brusquement. Le même moyen peut servir à modifier le premier plan trop éclairé des terrains arides.

Cette correction du dessin n'est pas difficile, il faut encore avoir du goût pour la faire bien. On peut semer des nuages dans le ciel en fixant sur le verso du négatif quelques duvets de coton qui, sans arrêter la lumière, laissent cependant une trace plus claire sur la couche de gélatine. Grâce à l'épaisseur de la glace, ces nuages factices, dont le flou rend la forme indéterminée, produisent dans les ciels des effets inattendus.

Traitement de la planche après l'insolation.

Après l'insolation, la planche de cuivre peut être traitée de deux manières, suivant l'usage qu'on veut en faire. Le premier traitement ne s'applique qu'aux planches recouvertes de la mixtion à la colle de peau, dont on connaît déjà la formule.

La seconde manière est commune à la mixtion sur cuivre et sur glace. Nous n'en dirons rien en ce moment. Nous en parlerons en temps et lieu quand nous décrirons le procédé sur glace.

On pourrait se demander quelle est l'utilité de la colle de peau et pourquoi elle entre en mélange avec la gélatine qui pourrait suffire à elle seule au tirage. Ce n'est pas sans raison que nous employons la colle de peau.

Elle a pour premier avantage de prendre peu de relief quand la planche est dégorgée dans l'eau fraîche, pour éliminer le bichromate d'ammoniaque, et cette seule raison suffirait pour la faire adopter dans une méthode qui ne cherche pas à produire des épreuves par mille, quoique pouvant les fournir cependant, mais qui permet de tirer immédiatement des épreuves après l'insolation pour report sur pierre et pour gravure. Dans le procédé sur glace, il faut trop de mise en train pour produire une épreuve bonne à reporter et cette épreuve, quand elle est convenable, est maigre pour l'emploi.

Avec la colle de peau, la première épreuve tirée a toutes les qualités requises. Elle peut être immédiatement reportée sur pierre, sur cuivre ou sur zinc. On prend au besoin la quatrième ou la cinquième. La planche n'exige pas un travail préalable et souvent long. Elle donne son plein dès le début et la netteté de ces premières épreuves provient de l'absence d'un relief sensible sur la couche de gélatine.

Quand on débute dans l'impression sur gélatine, on croit généralement que l'encre d'impression prend mieux sur les parties en relief que sur les parties déprimées.

C'est le contraire qui est exact. Les parties en relief sont celles que la lumière n'a pas touchées. C'est l'eau qui les sature qui les met en hauteur. Or, le corps gras n'a aucune sympathie pour ce qui est humide, comme nous l'avons expliqué dans la partie qui traite de la Lithographie. L'encre ne s'attache donc que sur les surfaces sèches. La surface sèche sera précisément, sur la couche de gélatine, la partie qui est en contre-bas.

La gélatine oxydée et insolubilisée par la lumière a perdu en grande partie la propriété de s'imbiber d'eau. Le second plan de la couche est dans un état de siccité en rapport avec le travail de la lumière. La couche déprimée repousse l'eau avec une énergie qui faiblit à mesure que la couche de gélatine, moins touchée par la lumière, conserve à un degré moindre la propriété d'absorber l'eau du mouillage.

Il ne serait pas possible d'encrer une couche épaisse de gélatine bichromatée qui aurait été soumise à une insolation vigoureuse. Le relief développé sur les parties privées de jour ne permettrait pas au rouleau d'atteindre le second plan de la couche.

Il faut donc, pour que l'impression soit possible et que le dessin à reproduire soit rendu avec fermeté, que la couche de gélatine soit sans relief, ou que ce relief, du moins, qui est inévitable, soit réduit et presque supprimé.

Dans la méthode sur glace, par insolation double au recto et au verso, le relief disparaît à peu près, comme on le verra dans d'autres Chapitres; mais, avec les planches de métal, nous ne pouvons insoler la planche que sur la face préparée, puisque le support est opaque. C'est donc à la colle de peau qu'il faut demander la suppression du relief.

Il est une autre considération qui nous a fait choisir, après de nombreux essais, cette gélatine inférieure.

Les parties qui n'ont pas été influencées par la lumière reprennent l'eau plus vite et en plus grande abondance que la gélatine ordinaire. Il s'ensuit qu'après l'insolation, la planche est assez humide après un séjour de quelques minutes dans l'eau et que le tirage peut être immédiatement commencé. Ce point a une très grande importance, relativement aux applications qui découlent de la méthode, et l'amateur qui n'a besoin que d'un demi-cent d'épreuves peut les tirer le jour même, sans fatigue et même sans presse.

La couche est tellement souple quand elle a été préparée comme nous l'avons indiqué, que la pression d'un rouleau sec de lithographie peut donner d'excellentes épreuves. C'est pour cette raison que nous avons donné le nom de couche molle à cette mixtion.

Au sortir du châssis-presse, la planche de cuivre

est plongée dans une cuvette d'eau fraîche. Elle ne doit pas y séjourner plus d'une minute.

On n'attend pas que la gélatine soit dégorgée de tout son bichromate. On l'essuie pour la rendre étanche avec un chiffon souple et propre et l'on procède à l'encrage.

Nous conseillons l'emploi de chiffons très souples pouvant absorber l'eau avec la plus grande facilité. Les vieux tricots en coton semblent avoir été faits exprès pour cet usage.

Nous nous arrêtons pour parler des rouleaux, du vernis et de l'encre d'impression. Nous reprendrons bientôt la planche au point où nous l'avons laissée.

CHAPITRE IV.

Rouleaux en gélatine, en caoutchouc, en cuir. Leur emploi.

On se sert dans l'impression phototypique de rouleaux divers. Le plus souvent, ce sont les rouleaux en gélatine qui servent à l'encrage. Les rouleaux en caoutchouc ont leur valeur. Les rouleaux en cuir sont trop durs pour le procédé à la colle de peau. On peut cependant s'en servir quand les couches sont fermes par suite d'une insolation exagérée ou d'un séjour trop long dans l'étuve.

Nous avons donné dans d'autres Traités la composition de ces rouleaux; nous nous bornerons, dans ce Livre, à indiquer les soins qu'ils réclament. Le rouleau de $0^m,12$ sert dans le premier encrage à étendre l'encre de couleur noire et à en régulariser le dépôt sur l'épreuve. Ce premier rouleau est alors remplacé par un second de même dimension, si le dessin n'en exige pas un plus grand; mais, pour étendre la seconde couche d'encre, le rouleau aura au moins la même largeur que l'épreuve. On choisira une encre bistre ou sépia avec une pointe de carmin pour le second encrage. Le noir au premier passage marquera les grandes ombres de l'épreuve et les effets de vigueur; la teinte bistre rosée donnera de la fraîcheur aux ombres légères.

Les rouleaux en cuir (on ne peut pas se dispenser d'en avoir une paire avec poignées) serviront, le premier à étaler le noir sur l'encrier ou table à encrer, et le second à nettoyer les blancs de l'épreuve sur les planches trop insolées. Les rouleaux en gélatine et en caoutchouc donnent des blancs purs quand le temps de pose est normal.

Les rouleaux neufs en gélatine, avant de servir à l'encrage, seront d'abord nettoyés avec un chiffon imbibé d'essence de térébenthine, pour dissoudre la couche de corps gras qui les couvre et dont ils se sont chargés dans le moule. Un nettoyage à l'eau avec un chiffon mouillé sans excès mettra la pâte à vif.

Ils seraient prêts alors pour l'impression typographique et pour l'encrage des reliefs chimiques, mais ils manqueraient de fermeté pour l'usage phototypique.

On rend la pâte plus dure, l'enveloppe extérieure du moins, à l'aide du bain qui suit :

Alcool	100^{cc}
Tannin.	1^{gr}

Le tannin dissous dans l'alcool est versé en petite quantité dans une cuvette photographique un peu plus large que le rouleau, et l'appareil est roulé sur le liquide comme dans l'encrage. Après une minute de contact, la gélatine se resserre, et le rouleau, dont la surface extérieure est tannée, repousse l'eau et prend l'encre avec énergie.

On enlève avec un chiffon humide ce qui reste de tannin et on l'assèche avec un chiffon neuf. Un linge vieux laisse des traces de son passage. On peut se servir du rouleau immédiatement après.

Un bon rouleau est le premier élément de réussite dans l'impression sur gélatine. Nous lui devons tous nos soins.

Il faut se garder de laisser le rouleau trop longtemps en contact avec le bain de tannin. Le liquide s'insinuerait trop avant dans la pâte. On aurait alors un rouleau trop dur et qui se gercerait aux changements de température. La gélatine ne doit être insolubilisée qu'à l'extrême surface, puisque ce n'est qu'à la surface que l'encre doit s'attacher.

Pendant les grands froids de l'hiver, les rouleaux durcissent, surtout dans l'atelier de l'amateur qui n'est pas régulièrement chauffé. On les ramollit en les faisant pivoter sur leur axe près d'un foyer de chaleur. Ils ne peuvent pas cependant être chauffés. Ils se déformeraient. On se borne à élever de 5° ou 6° la température de la pâte.

Les chaleurs de l'été produisent l'effet contraire, et les rouleaux se ramollissent au point de rendre l'impression difficile. On doit, après l'usage, les suspendre dans une pièce fraîche.

Les vieux rouleaux ont plus de fermeté que les neufs. On doit les choisir de préférence pour encrer les planches molles.

Les rouleaux seront entretenus avec un soin particulier. On les lave à l'essence de térébenthine quand le tirage est terminé. Le nettoyage doit être fait aussi souvent que le besoin s'en fait sentir. Il serait difficile de tirer une bonne épreuve avec un rouleau couvert de poussière et incrusté d'encre sèche. La couche de gélatine ne tarderait pas à être rayée, et un accident de ce genre met la plaque de cuivre hors de service. L'imprimeur doit donc veiller avec une attention extrême à l'entretien des rouleaux.

Encre. — Table à encre. — Couteaux à ramasser, racloirs. — Éponges.

Toute encre est bonne pour imprimer sur gélatine. Nous nous servons habituellement d'encre de report additionnée de noir typographique. Les encres les plus fines et partant les plus riches en couleurs sont les meilleures.

Le noir de dessin lithographique donne de

belles épreuves très vigoureuses. On délaie cette encre avec quelques gouttes de vernis fort.

Il faut en général employer des noirs durs. On adoucit le ton en ajoutant au noir une trace de bleu.

Le ton photographique s'obtient par un mélange de noir et d'encre violette. Un peu de rouge vermillon ajouté au tout donne le ton du virage à l'or des photographes.

On est du reste libre de modifier la teinte par l'addition de la couleur dont on cherche le reflet.

Mais, comme nous l'avons déjà dit, il convient de passer d'abord le noir pur sur l'épreuve pour fixer les vigueurs et de donner les teintes légères avec un second rouleau peu chargé de la couleur qui doit modifier le ton de l'épreuve.

Avec les planches dures, il faut être sobre d'encre; les planches molles réclament beaucoup plus de noir sur le rouleau.

Une pierre lithographique peut servir de table à encrer. Nous préférons les glaces fortes finement doucies.

L'encre typographique est assez liquide pour être employée sans vernis. Les encres lithographiques sont délayées sur la table à encrer. Il faut très peu de noir pour tirer un grand nombre d'épreuves. On délaie très peu d'encre sur la glace doucie avec le couteau à ramasser dans quelques gouttes de vernis lithographique fort. L'incorporation du vernis doit être complète. Il faut donc travailler le noir avec la lame du couteau pour rendre le tout homogène.

L'encre est étendue sur la table à encrer avec le rouleau en cuir. On en prend, sur la pointe du couteau, une petite quantité qu'on étale sur le rouleau en la disséminant par la pression sur toute la circonférence de l'outil. On roule ensuite sur la glace dépolie pour étaler le noir sous la moindre épaisseur possible. On enlève au racloir les parties qui font épaisseur.

C'est sur l'encrier, ainsi préparé, qu'on passe le rouleau en gélatine qui, dans ces conditions, ne se charge que modérément de noir d'impression. Il est utile de placer à côté de la table à encrer une deuxième glace doucie, sur laquelle on passe le rouleau en gélatine pour le décharger, car, nous le répétons, il faut à peine trace de noir pour encrer une épreuve de Phototypie.

La table à encrer ainsi que les rouleaux seront nettoyés après le travail. On enlève au racloir sur la table ce qu'il peut prendre, et l'on essuie ce qui reste avec un chiffon mouillé avec un peu d'essence de térébenthine, pour laisser le verre à nu.

Les rouleaux, les tables à encrer et les chiffons seront serrés à l'abri de la poussière. Les corps durs, et surtout le sable qui sert au grainage du cuivre, sont les plus grands ennemis de la couche de gélatine. Le plus souvent le tirage est arrêté par suite des rayures qu'un rouleau mal entretenu développe sur la couche. Le mal est sans remède.

Le choix des éponges a aussi une très grande importance. Le haut de l'éponge qui porte sur la roche sous-marine garde toujours quelques restes de matière calcaire.

On ne peut, en Phototypie, employer que des éponges fines et travaillées, exemptes de ces corps durs qui déchirent la couche imprimante. En y mettant le prix, on trouve des éponges fines et serrées, vierges de toute matière nuisible. On ne saurait trop éveiller l'attention de l'imprimeur sur gélatine sur le choix de cet accessoire.

Papiers.

Tous les papiers peuvent servir à l'impression sur gélatine.

On tire à sec, sans mouiller les feuilles. Mais l'épreuve est d'autant plus fine que le papier est plus glacé.

Les papiers à gros grains fournissent de fort belles copies, mais l'impression ne peut être faite, dans ce cas, que sur la presse à râteau, qui exerce une grande pression.

On emploiera de préférence les papiers satinés de première qualité, en partant de ce principe que la demi-teinte sort mieux sur une surface glacée.

Il ne faut pas abuser du vernis en Phototypie, et nous ne croyons pas qu'il soit de bon goût de ne tirer que des épreuves en tout semblables, comme couleur et comme brillant, à celles qui dérivent du sel d'argent.

On n'a pas voulu en démordre aussi longtemps qu'il n'a pas été prouvé que le procédé sur gélatine donnait autant de finesse aux épreuves que le tirage au chlorure d'argent.

Mais maintenant la preuve est faite, et nous croyons que les reproductions sur papier mat sont plus artistiques que les phototypies glacées.

Les papiers glacés sont de deux sortes. Sur les uns, qui ne diffèrent pas du papier ordinaire, l'épreuve porte sur la pâte même du papier; sur les autres, l'encre est déposée sur une couche glacée de carbonate de barite ou de plomb, qu'on applique sur les feuilles et qui adhère au papier par l'intermédiaire d'une solution de gélatine, dans laquelle la barite ou le plomb sont délayés.

Ces derniers portent le nom de *papiers couchés*, et sont employés en dehors du procédé, pour l'impression de la chromolithographie.

Les papiers couchés sont mats ou glacés. L'épreuve vient mieux sur la couche terne.

On trouve des papiers couchés de toute épaisseur. La force moyenne convient le mieux au tirage.

Presses. — Presse à copier.

Nous signalerons les presses mécaniques à vapeur dans les Chapitres qui traiteront du procédé sur glace. L'impression sur cuivre étant plus spécialement réservée à l'amateur, au photographe et à la petite industrie, sauf ce qui a trait au report, nous ne parlerons ici que des presses à bras.

Les couches molles à la colle de peau, qui rendent le procédé de tirage sur gélatine facile et qui le placent à la portée de tous, peuvent être tirées sur la presse à râteau tout aussi bien que sur la presse à cylindre.

Le meilleur système, cependant, est la presse verticale à percussion, qui sert dans l'impression typographique.

Les presses ordinaires employées en typographie n'exercent pas assez de pression sur la gélatine. Il faut choisir un système spécial, dont le type est l'Albion-press. Une fabrication exactement pareille se fait en France. Dans ces machines, dont le prix est encore assez élevé, le plateau supérieur, mû par un excentrique, dont on ne se doute pas à la simple inspection de la machine, exerce une très grande pression sur le plateau inférieur, qu'on nomme marbre de la presse. C'est au moment précis où les deux plateaux se touchent que la force de l'excentrique agit. La feuille de papier se trouve ainsi comprimée sur la couche de gélatine quand le levier touche la colonne de gauche.

Dans les presses typographiques ordinaires, les deux plateaux n'exercent qu'une pression de contact, qui est insuffisante pour le procédé. Dans les machines dont nous parlons, le plateau supérieur agit encore après le contact, et c'est ce dernier coup de pression qui fait la supériorité de la presse dont nous recommandons l'emploi.

Nous y reviendrons dans quelques instants. Nous voulons rassurer avant l'amateur et le photographe en leur désignant un appareil, qui peut remplacer l'Albion-press, et dont le prix est peu élevé.

L'épreuve phototypique se tire très bien sur une presse à copier.

On choisit un modèle de force moyenne pouvant exercer une pression suffisante sans se briser sous la pression de la vis d'écrasement.

Nous avons imprimé un très grand nombre d'épreuves avec les chefs d'une grande maison, qui emploie aujourd'hui les grandes presses à vapeur et qui prenaient dans notre atelier leurs premières leçons de Phototypie. Leur premier album a été imprimé avec une presse à copier.

Ce qui a arrêté, au début, la propagation de la Phototypie, c'est le prix élevé des machines à imprimer. La presse à copier favorisera l'extension du procédé.

Il n'y a pas de modification à faire à l'appareil. Quelques dispositions particulières sont cependant nécessaires.

On choisira d'abord, dans les modèles existants, celui dont la vis de pression a le plus d'étendue et dans lequel le plateau supérieur peut s'écarter le plus en s'élevant du socle inférieur qui supporte la pression. Plus cette distance est grande, plus le tirage est facile.

On régularise la planimétrie du bas de la presse à copier en y plaçant à demeure fixe, soit un carré en bois de chêne parfaitement dressé, soit, ce qui vaut mieux, une plaque de fonte rabotée, peu épaisse, pour ménager l'intervalle qui sépare les deux plateaux quand la vis est au bout de sa course.

C'est sur cette plaque, recouverte d'une feuille de papier buvard épais, qu'on placera la planche à tirer portant le papier qui recevra l'épreuve. On pose sur la planche une feuille de caoutchouc très souple à surface lisse de $0^{m},002$ d'épaisseur au plus. Le caoutchouc amortira la pression de la vis, tout en régularisant le contact.

La feuille de caoutchouc est, à mérite égal, remplacée par un coussinet, dont on trouvera la description dans le Chapitre de l'impression.

Le tirage n'est pas très rapide avec la presse à

copier. Mais on produit facilement un cent d'épreuves dans une journée et même un plus grand nombre.

Le cylindre qui sert à glacer les photographies à froid peut servir au tirage si l'on glisse entre les deux rouleaux une planche pareille à celle qui est mise en mouvement dans la presse en taille-douce; mais l'appareil à copier doit être préféré.

Le système à pression perpendiculaire (Albion-press, presse à copier) est supérieur à tout autre pour le tirage de la gélatine sur cuivre.

Le métal ne se déforme pas par la pression, et la couche de gélatine restant immobile, sans glisser et sans se déplacer, ne court aucun danger. Les accidents qui proviennent de la pression rasante du râteau ou de l'écrasement sous les cylindres ne peuvent pas se produire.

Mais il faut des appareils très puissants pour imprimer les épreuves qui dépassent 24×30.

CHAPITRE V.

Impression.

Nous avons dit que la planche de cuivre passait une minute au plus à se dégorger dans l'eau et qu'on procédait à l'impression après l'avoir essuyée sur les deux faces, et nous avons vu que le rouleau en gélatine devait être très-peu chargé d'encre.

Un des points les plus importants dans l'impression sur gélatine, en général, c'est de ne pas laisser au rouleau le soin d'éponger l'eau qui reste sur la couche. Toute trace visible d'humidité luisante doit disparaître avant de passer le rouleau chargé d'encre sur la couche. Si l'on n'observe pas ce point précis, on n'arrivera pas à tirer une seule épreuve régulière. Les demi-teintes manqueront de fondu. La dégradation du noir ne sera pas correcte.

Nous plaçons ici une observation qui porte sur un point délicat et d'où dépend la régularité et la possibilité même du tirage.

Nous avons à faire à des couches molles dont la partie non insolée absorbe très-promptement l'eau du mouillage. Il importe donc de maintenir la couche humide à la surface et à peu près sèche dans la partie qui touche au cuivre. Si nous avions laissé la planche un quart d'heure dans l'eau avant de commencer le tirage pour la laisser dégorger de tout son bichromate, l'humidité aurait pénétré jusqu'au cuivre où la couche de gélatine n'aurait presque plus d'adhérence. C'est la pénétration de l'eau jusqu'au métal qu'il faut avant tout éviter le plus possible dans le tirage sur cuivre.

Avec la glace, le danger de soulèvement de la gélatine n'est pas à craindre. L'insolation au verso insolubilise la section de la couche qui touche au verre et l'humidité n'arrive jamais jusqu'au support.

Sur la planche de cuivre, au contraire, les parties qui ont été soustraites à l'influence de la lumière restent pénétrables à l'eau dans toute leur épaisseur.

C'est à l'imprimeur d'y veiller et de se servir intelligemment de l'éponge pour maintenir la surface humide en garantissant le fond.

C'est de ce traitement que dépend la valeur du procédé quand on demande à la planche un grand nombre d'épreuves. Elle peut les donner.

On suppose qu'en mouillant à l'éponge la surface imprimante après le tirage de chaque épreuve que l'humidité ne tardera pas à atteindre le fond de la couche.

Cela devrait être, en effet, si la pression exercée sur chaque épreuve n'obligeait pas la gélatine à rendre au papier l'eau qu'elle a prise à l'éponge.

Si le séjour dans l'eau pour dégorger la planche a été de très courte durée, c'est qu'un contact plus prolongé de la gélatine avec ce liquide aurait mis en relief les parties que la lumière n'a pas insolubilisées. Ces reliefs peu accentués avec la colle de peau n'en existe pas moins, mais ils s'usent à mesure qu'ils s'élèvent, au cours du tirage, par le passage du chiffon et du rouleau et, en traitant la planche, comme nous l'indiquons, ces reliefs ne gênent pas le tirage. On ne s'aperçoit même pas qu'ils existent.

Si bien qu'une planche soit préparée, la surface n'en reste pas moins un peu rugueuse. Pendant l'extension de la mixtion, pendant le séchage et après, la couche se charge de poussière.

Toutes ces imperfections disparaissent si la plaque, après avoir été retirée de l'eau, est frictionnée assez vigoureusement avec une éponge fine trempée dans l'eau chaude, puis essorée. L'eau chaude dissout, le frottement aidant, les rugosités de la surface sans entamer la couche et sans nuire aux détails de l'épreuve.

Il est de même utile d'immerger entièrement dans l'eau à 60° plus ou moins, et surtout en hiver, les planches trop vernies ou surchauffées à l'étuve quand elles donnent un voile gris au tirage ou quand elles prennent trop avidement l'encre. Dans ce dernier cas, les blancs de l'épreuve ne sont jamais purs.

Une planche qui fait un tableau noir au premier passage du rouleau pèche ou par défaut de mouillage ou par trop d'insolation.

Il y a encore excès d'insolation si la planche s'encrant bien, ne rend qu'imparfaitement au papier l'encre qu'elle a prise au rouleau. On la ramène en la laissant sous l'eau pendant une heure ou deux.

Mais une planche qui est dans les conditions normales s'encre sans difficulté et avec deux coups de rouleau.

La couche de gélatine, même la couche molle, est très résistante et ne craint rien du passage du chiffon, ni de l'attaque du rouleau.

L'eau seule, avec ou sans quelques gouttes de glycérine, doit servir pour le mouillage des planches pendant le tirage. Au cours de l'impression, si besoin en est, ou après, pour laisser la planche au repos, on peut désencrer sans que la couche s'en ressente, avec un chiffon trempé dans un mélange d'eau et d'essence de térébenthine.

Cette opération peut être renouvelée sans danger autant de fois que le besoin s'en fait sentir. Il est même nécessaire d'enlever à l'essence de térébenthine coupée d'eau l'encre qui reste sur la couche dans les grands noirs, après le tirage de chaque épreuve. Les épreuves qui suivent sont alors plus transparentes dans les ombres.

Avec la couche de gélatine, les corps durs sont l'écueil le plus à craindre. Il en est de même des chiffons qui servent à essuyer la planche et de l'éponge, si ces accessoires ont touché à des produits capables d'insolubiliser la gélatine, tels que l'alun, le borax, le tannin. Un simple contact, même sur la couche humide, arrête immédiatement le tirage. La partie touchée prend l'encre et la plaque doit être sacrifiée. Nous signalons ces accidents dont le débutant cherche la cause sans la trouver.

Aucune retouche ne peut être faite sur la couche de gélatine.

Un grain de poussière dur, incorporé dans la mixtion ou tombé accidentellement pendant le séjour de la planche dans l'étuve, entraîne une piqûre dans la couche qui se révèle au tirage. L'encre, dans ce cas, ne tarde pas à s'insinuer jusqu'au cuivre.

Toutes les épreuves qui restent à imprimer portent une tache noire au point correspondant.

Ces points s'élargissent sous la pression du rouleau. La retouche ne peut être faite que sur l'épreuve, comme il sera dit plus loin. Mais il vaut mieux insoler un autre cuivre si l'on prévoit que ce travail supplémentaire prendra trop de temps.

Ce n'est ni long, ni difficile, ni coûteux de préparer des planches. On peut donc les sacrifier sans regret quand des accidents de cette nature se produisent. Une couche phototypique est de nulle valeur. On en prépare des douzaines avec quelques centimes.

Nous savons bien qu'on a proposé de boucher les trous avec de la gélatine bichromatée puis insolée sur les parties défectueuses et qu'on a indiqué la couche au pinceau trempé dans l'alun pour forcer l'encre à prendre sur les demi-teintes qui refusent le noir d'impression. Il est plus sage de renoncer au tirage de toute planche entachée d'une imperfection quelconque, si le défaut n'est pas la conséquence d'un vice du négatif.

On ne se doute pas des inepties qu'on écrit dans les livres de ce genre; c'est à décourager l'opérateur qui n'est pas encore maître dans la partie et qui perd son temps à manipuler sur des données de fantaisie qui bouleversent les procédés.

Règles pour l'encrage et pour le maniement du rouleau de gélatine.

Il est beaucoup plus facile d'encrer la couche de gélatine que la pierre lithographique et, par suite de nos démonstrations, nous pouvons affirmer que ce n'est pas le lithographe de profession qui y réussit le mieux au début.

Après quelques coups de rouleau et le tirage de cinq ou six épreuves, la main la moins exercée est en mesure de suivre le travail avec autant de régularité que le praticien.

Si l'on ne réussissait pas dans l'impression sur gélatine, le point d'arrêt ne serait pas dans l'encrage.

Une planche sur laquelle les opérations héliographiques ont suivi leur cours régulier prend le noir d'elle-même sous la pression du rouleau, et elle rend l'encre au rouleau sans opposer de résistance.

C'est dans l'application et dans la reprise de l'encre que réside tout le talent de l'imprimeur sur gélatine.

C'est par le mouvement imprimé au rouleau que cet effet contraire se produit.

Il y a donc dans l'encrage deux mouvements à observer et à étudier :

Le mouvement lent et le mouvement rapide.

Si le rouleau appliqué sur le haut de la planche est ramené vers le bas lentement, régulièrement et avec une pression vigoureuse, le noir se dépose sur la couche.

Il n'y a pas à se préoccuper pour l'instant des blancs et des demi-teintes. On encre trois ou quatre fois en reprenant de l'encre à chaque reprise et l'on étale cette encre comme il vient d'être dit, en roulant du haut en bas, toujours avec pression et dans le même sens. Le rouleau qui a atteint le bas de la planche est relevé et replacé ensuite sur le haut du cuivre sans retour inverse sur la couche.

L'encrage est terminé. L'épreuve voilée par l'encre sera dégagée par le mouvement rapide.

Le même rouleau, sans être essuyé, peut reprendre tout le noir qu'il a étendu sur l'épreuve. si l'on imprime à l'instrument un mouvement rapide sans exercer de pression.

On roule comme précédemment du haut en bas. vivement, avec une grande légèreté de main, et le rouleau au bout de sa course, limitée par la longueur de la planche, est reporté vers le haut. Il ne doit pas courir sur la gélatine pour retrouver son point de départ.

Ce second mouvement désencre l'épreuve. La quantité de noir qui reste sur le cuivre est en rapport avec la vitesse communiquée par la main au rouleau et avec la pression qu'on exerce.

Voilà tout le secret du bon imprimeur.

C'est à l'encreur à juger de l'épreuve, c'est à lui d'étudier la valeur des demi-teintes et des ombres avant le coup de presse.

Un coup de rouleau rapide supplémentaire dégage le dessin, s'il paraît trop couvert; un coup de plus renforce les demi-teintes qui ne paraissent pas assez accusées. Mais n'oublions pas qu'il faut très peu, excessivement peu de noir sur le rouleau au début de l'encrage.

Voici un second point qui a la même importance que le jeu du rouleau :

Les planches couvertes de mixtion à la colle de peau, et même celles qui seraient préparées sans colle à la gélatine et à l'Icthiocolle, mais qui ne sont pas traitées comme les glaces, absorbent très promptement l'eau de mouillage qui se trouve aussi facilement absorbée par le papier à chaque coup de presse.

Il s'ensuit que l'eau qu'on passe à l'éponge, à la surface de la couche, après le tirage de l'épreuve pour recommencer l'encrage, est absorbée presque aussitôt par la gélatine. Si l'on néglige d'encrer sans retard la planche après en avoir essuyé la surface, il est à peu près certain que l'épreuve viendra mal sous le rouleau et que si cette négligence se renouvelait souvent, il faudrait renoncer d'avance à toute régularité dans le travail.

Les demi-teintes et les blancs sont voilés, et ce n'est pas le rouleau qui peut réparer l'accident, car, indépendamment du voile, des ombres qui n'ont aucune relation avec l'épreuve en couvrent des parties entières.

Le seul moyen de remédier au mal, c'est de nettoyer la couche à l'essence, d'essuyer avec l'éponge largement mouillée et de recommencer l'encrage.

Nous avons déjà dit qu'on ne pouvait encrer qu'une surface parfaitement épongée et sans trace apparente d'humidité tranchant sur l'aspect mat de la couche.

Il ne s'ensuit pas que le mouillage de la planche après le tirage de l'épreuve qui précède, doive être fait avec réserve et avec une éponge presque sèche.

L'éponge qui sert à entretenir l'humidité doit, au contraire, être largement mouillée sans être ruisselante. La gélatine insuffisamment imbibée s'essuie mal sous le chiffon qui contracte une certaine adhérence sur la couche. Un mouillage plus abondant n'offre pas le même inconvénient.

Nous avons dit que les vieux tricots devaient être préférés à toute autre espèce de tissu. Avec les couches molles, le linge qui sert à l'essuyage ne doit pas être sec. Pour essuyer la planche, il est cependant indispensable de le laisser en repos quand il est trop humide, mais il doit être moite quand on encre les premières épreuves. Trop sec, il essuie mal et irrégulièrement.

Deux épreuves ou trois sont le maximum qu'on puisse prendre sur une planche sans mouiller la couche. Avec des planches trop faiblement insolées et usées par un tirage moyen de cent épreuves, la couche trop saturée d'eau ne rend plus les demi-teintes.

On ne peut tirer alors que quelques bonnes

épreuves, une sur deux. L'épreuve qui sort après le coup d'éponge manque de demi-teintes ; celle qui suit et qu'on encre sans humecter la gélatine est quelquefois supérieure à toutes celles que la planche a données.

La planche reposée ne donnerait pas mieux à la reprise ; il faut la détruire et la considérer comme une planche usée.

Par suite du traitement que nous avons suivi, les premières épreuves tirées sur une couche qui n'a pas été dégorgée de tout le bichromate sont teintées en jaune. La couleur est peu apparente sur les phototypies sans marges qu'on coupe pour coller sur carton. Mais les premières épreuves tirées avec marges ne seraient pas acceptables.

Une immersion de quelques secondes dans une cuvette pleine d'eau fraîche ou légèrement acidulée par l'acide sulfurique élimine la couleur jaune. On suspend le papier par un angle pour le laisser sécher.

En tirant avec cache, cette teinte peu sensible joue assez bien le rôle du papier de Chine et l'on croirait que les premières épreuves ont été imprimées sur papier teinté, la cache s'opposant à la pénétration de la couleur jaune sur les marges.

On agira prudemment et l'on évitera une perte de temps considérable en renonçant dès le principe à encrer des planches trop insolées qui ne donneront jamais de bonnes épreuves au tirage.

On fera tout aussi bien de détruire celles qui manquent d'insolation.

Les premières à la rigueur peuvent s'encrer et présenter sur la couche une épreuve satisfaisante. Mais l'illusion est détruite après le coup de presse.

Caches. — Préparation du papier.

Pour obtenir le papier exempt de toute teinte grise dans les marges de l'épreuve, les bandes d'étain ou de papier noir qui ont bordé le négatif et qui ne livrent à la lumière que le champ de l'épreuve concourent à la blancheur des marges, mais ne sont pas un moyen suffisant pour en assurer l'entière pureté.

Sur la machine rotative à vapeur, par l'effet d'un mécanisme spécial de la presse, la pression ne s'exerce que sur l'épreuve et les marges du papier glissent sans être comprimées par le cylindre. La position de la glace, du reste, qui est calée sur le plateau, à demeure fixe, sans déplacement pendant toute la durée de l'impression, se prête mieux au tirage avec marges.

Avec la presse verticale et avec la presse à copier, cet arrangement n'est pas facile. La planche quittant la presse pour être encrée, quoique avec la première machine l'encrage puisse se faire sur le plateau de l'appareil, il est moins commode d'obtenir la régularité et le parallélisme des marges, avec une planche de cuivre qui est déplacée après chaque pression et qui ne reprend jamais exactement la même place sur la presse. On arrive cependant à régler les marges en prenant les dispositions que nous allons indiquer.

Mais voyons d'abord comment on a des marges blanches, sans tache d'encre dans un tirage d'amateur ; car ce n'est pas la pureté des marges qui doit inquiéter, elle est assurée, mais le parallélisme de ces mêmes marges.

En taillant avec une lame bien affilée une feuille de papier qu'on fait porter sur du zinc mince et dressé, on enlève des bandes sans bavures assez larges pour masquer dans la planche tout ce qui est en dehors du dessin.

Ces bandes appliquées correctement sur la ligne qui limite l'épreuve, parallèlement les unes aux autres et se coupant à angles droits, encadrent le dessin d'une bordure blanche qui se voit alors sur la planche telle qu'elle sera sur la feuille de papier après le tirage.

La planche étant ainsi recouverte de papier blanc, sauf sur le dessin, le papier d'impression qu'elle recevra ne sera, par le coup de presse, imprimé en noir que sur la partie qui correspond au dessin, et les marges ne seront pas touchées.

Jusqu'ici aucune difficulté ne se présente, il n'y en aurait pas s'il ne s'agissait que du tirage d'une épreuve.

Mais toutes celles qui suivront doivent être prises dans les mêmes conditions.

Le point le plus délicat, c'est de donner au dessin des angles réguliers et des dimensions égales. Il est difficile de se maintenir dans ces conditions, même dans un tirage limité, sans moyens mécaniques.

Le premier obstacle auquel on se bute est suscité par le manque de fermeté de la gélatine qui se coupe du côté du dessin sous les lignes formées par l'encadrement des marges. A la suite de pressions multipliées, l'arête du papier finit par pénétrer dans la couche, et la ligne entamée, laissant le cuivre à nu, se reproduit en noir sur l'épreuve, au point précis où le dessin confine à la marge.

Il n'y a qu'un parti à prendre dans ce cas, c'est de couvrir cette ligne en avançant d'un quart de millimètre les quatre bandes de papier qui, mises en place, forment la cache, et d'empiéter le moins possible sur le dessin à mesure que l'accident se renouvelle.

Les dernières épreuves tirées sur la planche en sont réduites d'autant; mais la différence est si peu sensible à l'œil que nous n'avons jamais eu d'observation à cet égard dans le temps où nous exploitions le procédé.

Il n'est pas possible, sans repères, quelque justesse de coup d'œil qu'on ait, d'obtenir des marges parallèles sur chaque épreuve, si la cache est formée par quatre bandes de papier ajustées sur la planche.

Pour avoir des marges régulières, on doit, après l'insolation et avant de mouiller la planche, appliquer une règle sur le cuivre et entamer la gélatine avec une pointe pénétrant jusqu'au métal dans le haut et dans le bas, mais tout à fait en dehors du dessin.

Quand les quatre traits indiquant chacun la direction des lignes parallèles et l'étendue de l'épreuve seront marqués, on abaissera des traits perpendiculaires toujours à la pointe, qui croiseront les premiers, mais qui ne porteront qu'en dehors du dessin sur les extrémités de la planche, et n'empiétant sur la gélatine que de $0^m,005$.

Ces entames sur la gélatine qui se couperaient à angles droits si les lignes étaient prolongées, indiqueront la place, la direction et le prolongement des bandes de papier formant la cache. Il n'y aura plus d'irrégularité possible. Ces marques sortiront en noir au premier encrage et serviront de guide à l'imprimeur.

Si nous insistons sur ces détails qui paraissent sans importance, c'est que nous avons vu des quantités de belles épreuves sacrifiées par le défaut de parallélisme des marges.

On obtient encore des résultats réguliers si la cache est découpée dans une feuille de papier.

Après avoir tiré une première épreuve, le dessin est enlevé à la pointe, et le papier mis à jour par la découpure sert de cache.

On applique l'ouverture exactement sur le dessin, puis on rabat la feuille de papier au dos de la planche où on la colle. Le papier d'abord relevé est rabattu sur l'épreuve après l'encrage. Si la découpure est exacte, la régularité des marges est assurée pendant tout le tirage.

CHAPITRE VI.

Papier paraffiné pour caches.

Supposons la cache formée par les quatre bandes de papier s'ajustant à angles droits pour garantir les marges. Les dispositions que nous allons prendre sur une de ces bandes s'appliqueront aux trois autres caches rondes, ovales ou carrées.

Si nous fixons à la colle de pâte, pour rendre le point de soudure plus souple, une lame de papier plus mince dans toute la longueur de la bande, empiétant sur cette dernière de $0^{m},005$ et la débordant de $0^{m},002$, nous aurons d'abord une double épaisseur de papier sur un point et la bande-cache aura pour bordure la lame de papier mince.

Si cette bande de papier est placée sur une presse pour être laminée, la pression du cylindre ou du plateau aura toute son énergie sur la partie doublée. Elle sera moindre sur la bande simple et presque nulle sur les $0^{m},002$ de papier mince qui ont été collés sur la cache et qui la débordent.

C'est ce papier mince qui limite la ligne du dessin et qui ne supportant qu'une légère pression par suite du foulage de la feuille de caoutchouc du coussinet dont nous parlerons, ou simplement des feuilles de papier qui servent de maculatures, ne coupera pas la gélatine.

La pression réelle ne se fera que sur la partie doublée, qui, large de $0^{m},005$, peut supporter l'écrasement sans entamer la couche.

Ces détails, plus ennuyeux à écrire qu'à lire, ne peuvent pas être omis, puisque, sans ces auxiliaires, le tirage avec marges serait un problème à résoudre quand on se sert de la presse à bras.

Si le papier des caches était trop épais, le tirage sur une couche dure serait flou et incomplet. On choisira un papier moyen, d'un satinage irréprochable et bien collé.

Mais les feuilles qui servent à cet usage et qu'on débite en bandes, ou dans lesquelles on enlève des pleins ovales, ronds ou rectangulaires pour ménager des ouvertures correspondantes, suivant l'encadrement que le dessin comporte, doivent subir une préparation qui les rende plus souples, impénétrables au vernis du noir d'impression et moins sujettes à se coller sur la couche de gélatine.

Les caches qui contracteraient quelque adhérence sur la couche se déchireraient en les relevant. Il en faudrait trop pour un travail de courte haleine.

Les feuilles sont placées sur une planche métallique quelconque dressée, sous laquelle on allume un fourneau à pétrole. Il faut peu de chaleur. On passe alors alternativement sur les deux faces un morceau de paraffine qui pénètre dans les pores du papier. L'excès, quand le papier est imbu, est enlevé avec un chiffon qui ne doit laisser aucune inégalité de surface.

La vaseline peut servir à cet usage.

Il est utile d'opérer la soudure du papier et d'attendre que les feuilles doublées soient sèches avant de passer les corps gras, à moins d'employer le caoutchouc dissous pour l'assemblage.

CHAPITRE VII.

Tirage. — Emploi accidentel du talc. — Coussinet.

Nous supposons pour le moment que le tirage est fait sur la presse typographique spéciale ou sur la presse à copier.

La planche encrée est posée sur le plateau de l'appareil. La cache est rabattue si on l'a fixée au dos de la planche. On la pose à la main quand elle est formée de bandes, en suivant les lignes déterminées par les repères.

Le papier qui reçoit l'impression et qu'on place sur le dessin encré doit être pressé à la main et s'appliquer sans plis sur la couche de gélatine. Ce détail est très important. Le pli entraînerait la coupure de la gélatine et mettrait la planche hors d'état de servir. La feuille à imprimer est recouverte d'une seconde feuille blanche qui lui sert de maculature et qui préserve le verso de l'épreuve de tout contact avec le noir d'impression. On place enfin quelques épaisseurs de papier satiné et une feuille de carton mince et lisse sur le tout et l'on fait jouer le levier de la presse ou la vis de pression.

Le papier relevé doit présenter une épreuve franche et régulière. C'est le cas ordinaire.

Tout défaut d'inégalité, s'il en existe, a pour cause ou une pression insuffisante, ou une différence d'épaisseur dans les papiers de foulage qui servent de matelas à la feuille qu'on imprime.

Si l'épreuve est défectueuse dans le voisinage des angles, c'est que la planche n'est pas parfaitement dressée ou qu'elle s'est gondolée à l'étuve. Il faudrait, dans ce cas, donner deux coups de presse à l'épreuve qui suit, en ayant soin de déplacer le cuivre pour lui donner une position inverse en exerçant la deuxième pression. On en tirera comme conséquence que les planches minces sont préférables aux cuivres épais. Ils ploient et dans le châssis et sous le plateau de la presse. En les employant, on n'a pas à craindre le flou du tirage.

Il arrive quelquefois que les premières épreuves collent sur la gélatine, surtout avec le papier couché qui porte lui-même sur le côté lisse un encollage de même nature.

On frictionne dans ce cas le côté de la feuille qui reçoit l'impression avec un tampon en flanelle ou en coton chargé d'un peu de talc.

Avec les presses dont nous parlons, quand le tirage se fait avec marge, le plateau, mû par le levier ou par la vis, ne doit pas porter directement sur la planche. Les quelques feuilles de papier interposées n'ont pas assez de souplesse et d'élasticité pour faire pénétrer le papier jusqu'à la gélatine à travers l'épaisseur de la cache, car l'impression se fait sur papier sec.

Il est prudent et même nécessaire de couvrir le papier appliqué sur la planche d'une feuille de caoutchouc vulcanisé de $0^{m},001$ d'épaisseur qui, se moulant en quelque sorte par le foulage dans le vide de la cache, force le papier d'impression à y descendre et à en prendre les contours.

A défaut de caoutchouc, un coussinet remplira le même office.

On colle sur une feuille de carton satiné plus large que le format des épreuves qu'on veut tirer dix ou douze feuilles de papier de soie. Ces feuilles sont recouvertes d'une lame de ouate bien égale, et l'on protège le tout avec un carré de peau de daim.

Toute partie collée et tout point de couture doit être en dehors de la partie qui porte sur la planche de cuivre.

Retouche et vernissage des épreuves. — Montage.

Si l'on passe en frictionnant un simple chiffon de laine sur les épreuves tirées sur papier couché, la surface imprimée prend un brillant qui peut être suffisant dans bien des cas. Cette opération ne peut être faite que sur des épreuves entièrement sèches, c'est-à-dire le lendemain de l'impression.

Les points blancs sont couverts soit à l'encre de Chine, modifiée par l'addition d'une couleur quelconque, s'il y a lieu, qui met la retouche en rapport de ton avec l'épreuve, soit avec l'encre lithographique ou typographique qui a servi au tirage et qu'on étend de quelques gouttes d'essence de térébenthine.

Quelle que soit la méthode employée, les épreuves ne peuvent pas être vernies avant d'être sèches. Pour éviter le décalque sur le cylindre, si l'on ne vernit pas et qu'on se borne à laminer le papier, les épreuves reçoivent dans ce cas un encollage qui peut être fait soit avec un large pinceau plat et souple trempé dans une dissolution de gélatine chaude à 10 pour 100, soit dans un vernis à la gomme-laque et à l'eau préparé comme il suit :

Eau	500cc
Huile de lin	5
Gomme-laque blanche	50gr
Savon vert	10

La gomme-laque est réduite en poudre, puis mêlée à l'eau qu'on porte sur le feu dans un vase en porcelaine. On ajoute, à mesure de l'ébullition, de l'ammoniaque liquide qui est le dissolvant de la gomme, jusqu'à ce que la dissolution de la gomme-laque soit complète.

Le vernis, encore chaud, est passé sur un filtre en papier. A froid, le filtrage ne se ferait pas.

Le borax en poudre pourrait remplacer l'ammoniaque, mais la couche a moins d'éclat.

Ce vernis, qui ne peut être employé que comme encollage sur le papier ordinaire, prend au contraire beaucoup de brillant quand on le verse en nappe sur les épreuves tirées sur papier couché, formées en cuvette. L'excédent est repris dans le flacon et l'épreuve est suspendue par un angle pour sécher.

Voici la formule du vernis à l'alcool qu'on passe après l'encollage :

Gomme-laque blanche.	15gr
Chaux en poudre.	10
Alcool à 40°.	100cc

La chaux peut être supprimée. Elle facilite la séparation du corps gras inhérent à la gomme-laque.

Ce vernis se fait à chaud, au bain-marie; mais si l'on expose pendant deux heures, au soleil, le flacon en verre blanc qui contient la gomme-laque et l'alcool, le dédoublement se fait et la partie claire surnage. Le dépôt reste au fond. On n'a qu'à décanter.

On vernit les épreuves au tampon par friction

circulaire, mais, dans les grands ateliers, on se borne à appliquer le papier à la surface du liquide qu'on verse dans une cuvette. On opère comme si l'on sensibilisait du papier dans le tirage aux sels d'argent.

Les épreuves, assemblées deux à deux par le verso, sont suspendues en hiver près d'un foyer de chaleur. Il est inutile d'ajouter que la retouche doit être faite avant le vernissage et qu'un accident ne peut être réparé après coup qu'à l'aide d'une teinte délayée dans le même vernis.

Les épreuves sans marges sont coupées au calibre. Elles sont fixées à la colle de pâte passée à travers un linge, par torsion, sur du bristol ou sur des feuilles plus épaisses qui portent la légende et l'encadrement tirés à part en typographie ordinaire.

Il y aurait certains inconvénients au tirage si l'on visait à reproduire le texte et l'épreuve en imprimant sur gélatine.

Il y a plus d'avantage, quoique le travail soit plus long, à composer la légende à l'aide de caractères typographiques. On fait un report sur pierre, et l'inscription est imprimée au bas de l'épreuve par un second tirage à la presse lithographique.

DEUXIÈME PARTIE.

CHAPITRE PREMIER.

PHOTOTYPIE SUR GLACE.

Avant-propos.

Le tirage sur glace ne diffère que sur quelques points de l'impression sur cuivre.

Nous n'entrerons pas dans les détails des nombreux procédés qui ont été indiqués et qui ne varient que par la double formule qui règle les données des mixtions employées comme première et seconde couches.

Avec le cuivre, la couche imprimante se passe d'auxiliaire. Elle adhère par elle-même sur le métal.

La gélatine n'a pas la même solidité sur la glace. On est donc forcé, pour s'opposer au soulèvement de la gélatine, de couvrir une première fois le verre d'une couche qui s'y fixe d'une manière plus étroite et qui fait corps avec la seconde couche, qui est la couche imprimante.

6

L'application de la première mixtion, combinée avec la double insolation, rend tout soulèvement de la gélatine impossible sur la glace, qui ne fait qu'un seul corps avec elle.

La glace, comme support, est supérieure au cuivre pour plusieurs raisons.

Ce subjectile rigide ne peut subir aucune modification de surface. Indépendant de la température des milieux, il conserve sa planimétrie, et il n'est pas sujet à se voiler soit dans l'étuve, soit sous le cylindre de la presse. La surface vitreuse n'exige pas les mêmes soins que la planche de métal. Ce support est plus fragile, il est vrai, mais il est rare qu'il se brise sous le cylindre à vapeur et même sous le râteau des presses à bras perfectionnées.

Un accident de ce genre ne peut se produire que dans les manipulations.

Mais le plus grand avantage de la glace, c'est que la couche qu'elle porte peut fournir un très long tirage. Les épreuves se comptent par mille.

Glaces. — 1re et 2e Formules.

On se sert de glaces de toute épaisseur à partir de 0m,005. Pour faciliter la mise en train et la simplifier, il faut autant que possible prendre comme type une épaisseur unique.

Il est rare que les glaces ne soient pas exactement dressées sur les deux faces. Celles qui ne seraient pas régulières et qui auraient plus d'épaisseur dans le haut que dans le bas, seraient rigoureusement écartées de l'atelier.

On étend la gélatine sur la face dépolie. Le grain, c'est-à-dire le grisé du verre, doit être d'une grande finesse. Quelques opérateurs préfèrent mixtionner le côté poli, mais, à notre avis et par expérience, nous préférons imprimer sur le côté douci, qu'il faut préserver de toute rayure.

Nous nous bornerons à deux formules de mixtions pour sous-couche : l'une à l'albumine, et l'autre au silicate de potasse.

L'albumine des œufs sera aux proportions indiquées, traitée comme il a été dit au cours de ce Livre.

PREMIÈRE FORMULE DE SOUS-COUCHE.

Albumine des œufs.	7gr
Eau distillée.	100
Bichromate d'ammoniaque.	2

La mixtion filtrée est versée sur la glace mise d'aplomb au niveau d'eau. L'excès est repris dans un verre à part.

On aura soin de nettoyer exactement le côté qui reçoit la couche avec un chiffon propre trempé dans un mélange d'eau et d'ammoniaque.

On lave à l'eau et l'on essuie. Un blaireau passé à sa surface est une dernière précaution qu'il ne faut pas négliger.

Les glaces ainsi préparées sont séchées à l'étuve ou à l'air, puis insolées pendant dix minutes à la lumière diffuse. L'exposition peut durer vingt-cinq minutes, suivant la lumière.

Cette première insolation a pour but d'insolubiliser l'albumine qui porte directement sur la face doucie. Aussi faut-il exposer les glaces, le côté mixtionné en dessous et couvert d'un drap noir. La lumière n'atteint la couche qu'à travers l'épaisseur du verre.

SECONDE FORMULE DE SOUS-COUCHE.

Silicate de potasse.	30cc
Bière	60

Les glaces couvertes comme précédemment doivent sécher spontanément. L'insolation au verso n'est pas nécessaire. Le silicate et la bière forment une sous-couche impénétrable à l'eau. On ne peut en préparer que pour l'usage de la journée. Ce qui reste est coagulé le lendemain.

Ces deux couches acquièrent une plus grande résistance avec le temps. On peut dès lors, et il y a avantage, étendre les mixtions longtemps à l'avance sur les glaces qu'on tient en réserve.

Cette première préparation est faite sur les glaces à la température ambiante.

Mais la seconde, dont nous allons parler, exige que la glace soit chaude et qu'elle ait pris la température de l'étuve (35°).

La gélatine plus épaisse, quoique chaude, s'étendrait mal sur une surface froide. La chaleur de la glace, du reste, contribue à la soudure des deux couches.

La seconde mixtion se prépare d'après la formule suivante.

FORMULE DE LA MIXTION SENSIBLE.

Gélatine	10gr
Eau ordinaire.	75cc
Colle de poisson.	3gr
Eau.	35cc
Bichromate d'ammoniaque	3gr
Eau.	30cc

La gélatine et la colle de poisson sont mises à gonfler vingt-quatre heures à l'avance dans les quantités d'eau indiquées. Il est utile de renouveler deux ou trois fois l'eau pour dissoudre les sels solubles qui peuvent être incorporés à la gélatine.

On dissout à part la colle de poisson dans l'eau bouillante, puis on la verse dans la gélatine à 60°. Le bichromate réduit en poudre est ensuite ajouté à la mixtion qu'on peut filtrer immédiatement après la dissolution du sel de chrome, sur un carré de flanelle ou de coton à mailles serrées.

Les glaces couvertes, sans excès, sont remises dans l'étuve où elles sèchent en deux heures. La température du séchoir ne doit pas être supérieure à 40°.

Cette formule, comme beaucoup d'autres que

nous pourrions faire suivre sans avantage, donne une des meilleures couches que nous connaissions.

Mais la gélatine prise chez le même fabricant reste quand même un produit variable. C'est à l'opérateur à suivre consciencieusement les manipulations indiquées et à modifier au besoin la formule par le mélange de plusieurs sortes de gélatine, suivant que ses couches lui paraissent trop molles ou trop dures.

Il n'y a pas de règles à donner à cet égard et nous avons vu les plus habiles fort embarrassés en maintes occasions.

Ce qu'il y a d'exact cependant, c'est que les gélatines françaises valent les autres. Nous sommes même persuadé qu'elles leur sont supérieures. Celles dont nous conseillons l'emploi sont : la gélatine Coignet et la grénétine. La première est plus résistante que la seconde.

La colle de Flandre peut entrer dans la mixtion, mais en faible proportion, si les gélatines qu'on a sous la main ne sont pas assez dures.

Étuve pour sécher les glaces.

Une simple armoire, avons-nous dit en parlant du procédé sur cuivre, qu'on divise en deux par une tôle isolant des planches la flamme du bec de gaz ou du fourneau à pétrole, est une installation très suffisante. Mais il faut laisser des ouvertures pour livrer passage aux vapeurs d'eau qui se forment et ménager un courant d'air pour en dégager le séchoir. Mais cette étuve rudimentaire ne correspondrait pas aux exigences d'une industrie de quelque importance.

On coupe en deux, dans ce cas, par une cloison en bois munie d'une porte, un cabinet assez spacieux.

La préparation de la mixtion et le gélatinage se feront dans la première moitié de la pièce qui recevra la lumière directe voilée par des verres jaune clair.

Les plaques préparées seront ensuite portées dans l'étuve proprement dite, c'est-à-dire dans l'espace du fond limité par la cloison, où la surveillance se fera au besoin à la lumière d'une lampe, si le local ne permet pas l'éclairage par l'extérieur.

Quatre montants en fer fixés dans le sol, formant cage, porteront une couverture en zinc débordant la cage de $0^{m},50$. Ils recevront des traverses armées de vis en pointe se réglant en dessous.

Ces vis serviront à maintenir le niveau.

Avant de porter les glaces mixtionnées dans le séchoir, on vérifiera l'aplomb avec un niveau d'eau placé sur une glace volante, qui cèdera la place à la glace gélatinée.

Des tuyaux de vapeur qui traverseraient l'étuve seraient le meilleur chauffage.

Cette chaleur douce sèche la gélatine sans pouvoir altérer la couche sensible.

A défaut, l'air chaud circulant dans des tuyaux en fonte donnerait une chaleur préférable à celle du gaz brûlant directement dans l'étuve.

Ces dispositions peuvent être prises sans trop de frais quand on dispose d'une machine à vapeur.

Les couches, dans ce milieu, sont en quelque sorte garanties de la poussière, pourvu qu'on ait soin d'arroser au début des opérations.

Différemment, quelques becs de gaz voilés, placés, non pas en dessous de la cage, mais dans un coin quelconque et se réglant extérieurement, remplaceront le premier mode de chauffage.

Il est utile de pouvoir circuler autour des glaces mixtionnées pour en surveiller la dessiccation.

On laissera donc entre les murs et la cloison assez d'espace pour avoir toute liberté d'inspection.

Un thermomètre intérieur recourbé, dont la graduation se lira extérieurement, permettra de régler la chaleur et de maintenir la température de l'étuve à 36° pendant tout le temps du séchage, environ deux heures.

Il y a un grand avantage à ne pas sécher les couches dans un espace trop resserré, où l'air circule difficilement et dont la température n'est pas égale.

On établira dans l'étuve un tuyau d'appel pour

renouveler l'air qui entraînera la buée qui se dégage de la gélatine.

Un point important, c'est que l'étuve ne soit pas établie dans un rez-de-chaussée humide.

La description des mesures prises dans telle ou telle maison ou par un constructeur quelconque au sujet du séchoir nous entraînerait dans des détails inutiles.

Chacun se conformera par un arrangement de son choix aux règles indiquées.

On ne négligera pas surtout d'établir un tuyau d'appel pour renouveler l'air qui donnera en même temps issue aux vapeurs qui se dégagent de la gélatine humide.

Insolation

On se reportera à ce que nous avons déjà dit au sujet de l'insolation.

Les négatifs sur verre ou sur glace sont rarement employés dans les grands ateliers.

On préfère les clichés pelliculaires que l'on fixe sur la dalle du châssis-presse et qui peuvent supporter plus de pression. Les vis des barrettes sont remplacées par des doubles coins enfoncés au marteau pour établir un contact intime entre la glace et la pellicule. L'emploi du photomètre est supprimé quand la gélatine est coulée sur glace.

On suit la venue de l'héliographie à travers le

support transparent et l'insolation est terminée quand toutes les demi-teintes du négatif sont reproduites sur l'épreuve; on en étudie les détails en appliquant une feuille de papier blanc sous la table, après avoir porté le châssis-presse sur une table pour faire cette inspection en demi-lumière. Quand l'insolation paraît suffisante, la glace est enlevée du châssis-presse. On retire le négatif pour procéder à la seconde insolation.

La glace prend une position inverse dans l'appareil; c'est le dos qui porte sur la dalle. La couche fait face à l'opérateur.

On couvre l'épreuve avec un drap noir pour éviter toute diffusion de la lumière, et l'on referme le châssis pour l'exposer une seconde fois à la lumière diffuse.

Après dix minutes d'exposition, plus ou moins, la section de la gélatine qui touche au support et qui porte sur la sous-couche est complètement insolubilisée à travers l'épaisseur de la glace.

L'eau de mouillage, arrêtée par la gélatine insoluble, ne peut donc plus pénétrer jusqu'au verre. Si l'action de la lumière se fait sentir à une profondeur égale en dessus et en dessous, les deux insolations se rencontrant ont pénétré dans toute l'épaisseur de la gélatine.

Il n'y a que sous les parties obscures du négatif que la gélatine reste soluble. Ces parties seront les blancs de l'épreuve.

On évite ainsi, d'une part, les reliefs qui nuisent à la finesse de l'épreuve, et il en résulte d'autre part que la partie de la couche qui touche à la glace reste sèche, quelle que soit la durée du tirage.

Dégorgement.

On peut suivre avec les planches de cuivre les mêmes manipulations que nous allons indiquer pour la glace; c'est le second traitement dont nous avons parlé et qui n'a été qu'indiqué, puisque les deux procédés rentrent l'un dans l'autre à partir de l'insolation.

Les glaces et les planches de cuivre destinées à fournir un long tirage sont immergées dans une cuve pleine d'eau où elles peuvent séjourner deux heures et même une nuit tout entière sans danger pour la couche.

On ne les retire que lorsque la gélatine ne conserve plus trace de bichromate dans les blancs. Il est facile de s'assurer que la glace a perdu la teinte jaune en appliquant, comme nous l'avons déjà fait, une feuille de papier blanc au verso de la glace.

Cette application ne peut pas être faite sur la planche de cuivre; mais, quand les planches sont restées deux heures dans l'eau, les dernières traces de sel de chrome sont éliminées, surtout si l'eau est courante. Dans le cas contraire, on change l'eau, qu'on renouvelle deux ou trois fois.

Les couches sont alors essuyées. On les laisse sécher sans chaleur dans une pièce aérée et peu éclairée.

Plus l'impression est reculée, plus la couche est solide.

Mouillage de la couche avant l'impression. Encrage et tirage.

Avant le tirage, la planche ou la glace est descendue pendant un quart d'heure environ dans une cuvette pleine d'eau fraîche, et l'on encre après en avoir essuyé exactement la surface.

S'il se forme un voile sur l'épreuve, la couche est insuffisamment pénétrée par l'eau. On peut la remettre dans la cuvette pour la ramollir, mais pour éviter de perdre du temps, on place la glace de niveau et on la couvre avec la préparation suivante :

Eau	500cc
Glycérine	500
Azotate de potasse.	50gr

Ce bain pénètre la couche en dix minutes. C'est le cas ordinaire; mais bien des causes exigent souvent un temps beaucoup plus long.

Le bain est moins actif si l'insolation est exagérée. Il pénètre plus difficilement, suivant que la gélatine qu'on a employée est plus ou moins dure.

De toute manière, le tirage ne commence que lorsque la glace à point s'encre facilement en laissant aux blancs tout leur éclat.

C'est le même liquide qui sert d'eau de mouillage pendant toute la durée de l'impression. On peut tirer plusieurs épreuves sans mouiller.

On suivra pour l'encrage la méthode indiquée dans l'impression sur cuivre.

Les glaces se briseraient souvent sur la presse typographique. Elles se comportent bien sous le râteau de la presse lithographique. Mais le tirage industriel se fait avec l'appareil rotatif de la maison Alauzet, mis en mouvement par un moteur à gaz ou par une machine à vapeur.

La description de cette machine serait sans avantage pour les intéressés, qui feront mieux de visiter une imprimerie. Ils pourront du reste suivre et étudier le fonctionnement de cette presse chez le fabricant.

TROISIÈME PARTIE.

CHAPITRE PREMIER.

Préliminaires aux couches isochromatiques de collodion et de gélatinobromure

Bien que la question ne soit pas complètement élucidée, nous croyons qu'on lira avec quelque intérêt un court aperçu théorique et pratique sur la reproduction des objets colorés.

La Photolithographie et la Phototypie, en ce qui touche la reproduction du trait, peuvent se passer des plaques isochromatiques sèches ou humides.

Mais dans les Chapitres qui suivent, nous allons aborder la question de la reproduction des clichés à teintes fondues par l'impression sur gélatine.

Les clichés de paysages, de tableaux, d'aquarelles, n'ont une valeur réelle et ne reproduisent fidèlement les originaux qu'autant qu'ils rendent la dégradation des demi-teintes, non seulement dans les motifs de grisailles, mais aussi dans les tableaux et dans les aquarelles.

L'épreuve tirée à la presse doit reproduire tous

les détails et la succession des teintes dans le bleu, dans le jaune, dans le rouge et dans le vert. La plaque sensible ordinaire reste inerte en face de ces couleurs.

On ne cherche pas cependant, ou pour mieux dire, on ne prétend pas faire sortir les couleurs et les voir apparaître au développement.

Du reste, ce résultat est acquis, mais il reste sans valeur, puisque les couleurs obtenues ne peuvent pas être fixées.

Le but qu'on se propose d'atteindre, c'est de trouver dans la reproduction d'une aquarelle, par exemple, tous les détails et tout le modelé du type dans la copie, surtout sur les parties qui correspondent aux teintes antipathiques à la Photographie. Cela suffit pour la reproduction en noir et cela suffit encore pour que la reproduction des couleurs ne soit plus un problème.

C'est la théorie de M. Ducos du Hauron qui reprend ses droits.

Les faits déjà acquis dans ces dernières années laissent entrevoir des résultats inattendus.

Nous ne reviendrons pas sur ce que nous avons dit sur le procédé de M. Ducos du Hauron, dans notre *Traité de Photographie* (1) qu'on pourra consulter.

(1) GEYMET, *Traité pratique de Photographie* (Éléments complets, Méthodes nouvelles, Perfectionnements), suivi d'une Instruction sur le *procédé au gélatinobromure*. 3e édition. In-18 jésus; 1885 (Paris, Gauthier-Villars).

Ce qu'on lira ici s'adresse plus spécialement aux lithographes et aux imprimeurs sur gélatine d'aujourd'hui et de demain, à ceux d'entre eux, du moins, qui ne saisissent pas exactement l'utilité des couches isochromatiques et pour qui cette appellation, par défaut d'études photographiques antérieures, ne laisse qu'une idée vague et sans corps saisissable.

On entend par *isochromatisme* la propriété qui est communiquée à une plaque sensible ordinaire par l'addition de certaines substances colorantes et qui les rend aptes à reproduire les couleurs qui ne laissent voir aucune trace d'impression sur le cliché après le développement d'une glace ordinaire.

Si nous photographions un bouquet composé de marguerites, de bleuets, de coquelicots et de boutons d'or, avec leurs feuilles, la glace sensible ordinaire reproduira au tirage les marguerites avec tous leurs détails, mais la dégradation des teintes sera moins exacte dans les bleuets, les coquelicots viendront en noir presque sans modelé et les boutons d'or ne seront reconnaissables sur l'épreuve que par la ligne extérieure qui dessinera les contours de la fleur. Les boutons d'or feront une tache noire sur le papier.

Les feuilles seront plus ou moins détaillées, suivant que la teinte jaune sera plus ou moins absorbée par la nuance verte.

Les plaques isochromatiques ou orthochromatiques corrigeront en bonne partie ces défauts. Les substances colorantes ajoutées au collodion ou à l'émulsion de gélatine communiqueront à la surface sensible, par leur combinaison avec les sels haloïdes d'argent, la propriété de l'impressionner sous l'action des rayons colorés envoyés par chacune des couleurs du bouquet.

Dès lors, la reproduction en noir sur le papier sera exacte.

La dégradation des ombres sera naturelle dans chaque fleur rouge, jaune, bleue, et la copie sera pareille à un crayon fait par l'artiste qui reproduirait le même sujet.

Le progrès ne court pas, mais il fait chaque jour quelques pas en avant. Il est à peu près certain que des résultats complets seront obtenus dans ce sens avant quelques années et que les prévisions de M. Ducos du Hauron se réaliseront.

Le lithographe et l'imprimeur sur gélatine qui auront à reproduire des sujets en couleurs pourront, par suite de ces perfectionnements, reporter sur pierre trois héliographies qui, reproduisant chacune séparément la couleur visée par le négatif, rendront, comme la chromolithographie, le modèle avec ses couleurs propres.

Ces trois négatifs remplaceront les cartons du chromiste.

Nous n'avons pas la prétention de donner une

théorie précise de l'isochromatisme ; nous voulons simplement faire connaître à nos lecteurs les substances qui communiquent aux plaques isochromatiques la propriété de s'impressionner sous les rayons colorés et indiquer quelques formules de collodion à l'éosine et à la cyanine. Pour acclimater le lecteur, nous ajouterons quelques mots sur la nature et sur l'origine des couleurs employées pour rendre les plaques isochromatiques plus sensibles aux rayons les moins réfrangibles, qui sont le bleu vert, le vert jaune et le rouge.

La matière colorante incorporée au sel d'argent dans l'émulsion ou dans le collodion (éosine, cyanine, rouge d'aniline, etc.) est considérée comme *sensibilisateur chimique.*

Si la couleur est mêlée au bain d'argent ou si la plaque au collodion ou au gélatinobromure est simplement plongée dans l'alcool coloré, la couleur est considérée comme *sensibilisateur optique.*

Dans quelques cas, ce n'est pas la couleur elle-même qui dispose la couche sensible à absorber le rayon dont on vise le concours, mais la couleur qui en est le complément.

Les trois couleurs principales du spectre sont : le rouge, le jaune et le bleu.

Le vert est le complément du rouge.

Le violet, celui du jaune.

L'orangé, celui du bleu.

On peut donc chercher le concours du rayon

rouge en prenant le vert comme sensibilisateur chimique ou optique, et celui du rayon jaune par l'intervention du violet, etc.

Rien n'empêche encore d'interposer entre l'objectif et la plaque sensible, intérieurement à la chambre noire, un verre de la couleur complémentaire du rayon coloré réducteur, soit un verre orangé pour faire agir le rayon bleu.

Quant aux chimistes d'outre-Rhin, ils considèrent comme capital le fait d'avoir ajouté, comme substance isochromatique, à la coraline et à l'éosine signalées par le premier, la cyanine minérale

Nous rendons pleinement justice à M. Henry Gauthier-Villars. Sa traduction du traité du Dr Vogel [1] a sa valeur et sera consultée avec fruit.

Ce Livre a toutefois le grand mérite de résumer les observations faites par les hommes les plus compétents sur la question qui nous occupe. Les photographes y trouveront à prendre.

Matières colorantes végétales pour l'isochromatisme.

Principes colorants des feuilles. — La *chlorophylle* est le principe immédiat qui colore en vert la tige et les feuilles des fleurs et des plantes.

[1] VOGEL. — *La Photographie des objets colorés avec leurs valeurs réelles*. Traduit de l'allemand par HENRY GAUTHIER-VILLARS. In-8, avec figures dans le texte et 2 planches; 1887 (Paris, Gauthier-Villars).

On peut l'extraire du lierre, mais surtout des plantes qui donnent la saveur à la liqueur des Chartreux : menthe, angélique, tanaisie.

On obtient le principe colorant en faisant digérer ces plantes dans l'alcool.

La *phylloxantine* est l'élément jaune de la chlorophylle qui se développe dans l'éther.

La *phyllocyanine* est le principe bleu qu'on isole du jaune par l'addition au jaune d'une goutte d'acide chlorhydrique.

La *phylloxanthéine* est la matière jaune qui résulte de l'altération de la phyllocyanine.

Il faut donc être sobre en mélangeant l'acide aux bains dans le procédé isochromatique, même en employant les couleurs minérales.

MATIÈRES COLORANTES DES FLEURS.

1. *Bleu.* — Les bleuets, les violettes, les iris sont colorés en bleu par la cyanine.

La couleur bleue communiquée à l'alcool par ces fleurs finit par passer au jaune. Mais si l'on précipite le jaune par l'acétate de plomb neutre, la couleur, qui passe d'abord au vert, reprend la teinte bleue en précipitant le produit par l'éther.

Les acides colorent la cyanine en rouge et les alcalis en vert.

2. *Jaune.* — Les soleils et les fleurs jaunes macérés dans l'alcool absolu donnent un précipité

jaune. On chauffe le précipité avec un alcali et l'on isole le corps gras par l'acide. Le produit est ensuite repris par l'alcool froid et la *xanthine* est mise en liberté. C'est une couleur jaune d'un grand éclat, insoluble dans l'eau, mais soluble dans l'alcool et dans l'éther.

La *xanthéine*, qui n'est pas le même produit, est tirée des pétales des dahlias jaunes. La couleur est soluble dans l'eau.

3. *Rouge*. — La xanthéine mélangée à la cyanine et modifiée par les sucs végétaux donne aux fleurs les couleurs orange, rouge, écarlate. On l'extrai de la même manière.

Matières colorantes artificielles minérales. — Bases.

Toutes les couleurs comprises sous le nom général de *couleurs d'aniline* ne sont pour la plupart qu'une combinaison de brome, d'iode et de chlore, avec des principes colorants dérivés du goudron de houille, par les trois bases qui suivent :

Aniline, acide phénique, naphtaline.

Aniline. — L'aniline et toutes les couleurs qu'elle forme sont tirées d'une basse incolore dérivant du goudron de houille, qui est la rosaniline.

Les rouges, les violets et les bleus d'aniline sont

le résultat de la combinaison d'un acide avec la rosaniline incolore.

Les couleurs rouges portent le nom général de fuschsine. Elles prennent, suivant la teinte, les noms de violine, purpurine, rosaniline.

Acide phénique. — La base de l'acide phénique est l'acide rosolique.

Cet acide produit la péonine et l'azaline.

La cyanine est un iodure particulier qui provient d'une base nouvelle appelée quinoline. La couleur jaune traitée par l'oxyde d'argent se change en couleur bleue. Elle est soluble dans l'eau et dans l'alcool.

Naphtaline. — Les couleurs produites par la naphtaline ne sont pas très-nombreuses. Les plus belles sont le violet et le bleu de Troost.

CHAPITRE II.

Collodion isochromatique pour la reproduction des objets colorés.

Nous renvoyons à notre *Traité pratique de Photographie* (¹) pour les formules et les manipulations qui se rapportent aux négatifs. On y lira les explications qui mettront l'opérateur en mesure d'appliquer le développement qui convient soit aux clichés de traits faits pour le tirage photolithographique, soit aux négatifs de demi-teintes développés en vue de l'impression sur gélatine.

Nous nous bornerons, dans ce dernier Chapitre, à développer brièvement, mais sans rien omettre de ce qui peut être utile, la méthode à l'éosine pour la reproduction des tableaux, des aquarelles et des objets colorés.

Il y a de grands avantages, confirmés par l'expérience, à incorporer au collodion et à l'émulsion à la gélatine certaines matières colorantes qui

(¹) Paris, Gauthier-Villars.

activent la sensibilité de la couche pour les couleurs.

La formule de collodion humide qui suit peut servir, sans modifications, pour le collodion sec, en se conformant pour tout ce qui est indépendant de la formule aux manipulations usitées.

Nous croyons utile de consacrer un Chapitre à l'isochromatisme dont nous n'avons rien dit ou peu jusqu'à ce jour.

FORMULE DE COLLODION ISOCHROMATIQUE A L'ÉOSINE POUR PROCÉDÉ SEC ET HUMIDE.

1. — *Teinture d'éosine.*

Alcool à 40°.	100cc
Éosine à reflet jaune.	0gr,04

L'éosine à reflet jaune est un bromure, l'éosine à reflet bleu est un iodure.

L'éosine à reflet jaune rend le collodion sensible au jaune et au rouge.

Il n'y a pas lieu de chercher un sensibilisateur pour la couleur bleue. Le bromure d'argent n'a pas besoin d'auxiliaire. Aucune combinaison ne saurait lui être supérieure pour rendre les tons bleus.

La teinture d'éosine est filtrée après la dissolution du produit. On la met en réserve pour l'usage à l'abri du jour.

2. — *Collodion éosiné.*

Alcool à 40°	250cc
Éther sulfurique rectifié.	250

8

Coton azotique.	4gr,50
Iodure de potassium.	1 ,25
Iodure de cadmium	1
Bromure de zinc.	1
Bromure de cadmium.	1 ,75

Quelques opérateurs ajoutent à ce collodion une goutte de bromure de coumarine.

Ce bromure se prépare en laissant digérer pendant quinze jours 1gr de coumarine (Fève des priseurs) dans 10cc de brome.

On versera 5cc de teinture d'éosine dans 100cc de ce collodion filtré ou décanté.

Afin d'éviter les réductions d'éosinate d'argent, on fait passer la glace collodionnée par deux bains sensibilisateurs.

BAIN D'ARGENT No 1.

Eau distillée.	100cc
Azotate d'argent.	12gr
Acide acide acétique.	1 goutte.

BAIN D'ARGENT No 2.

Azotate d'argent.	10gr
Eau distillée.	150cc
Acide azotique.	1 goutte.

La couche sur la glace reste immergée pendant six minutes plus ou moins. On complète la sensibilisation dans le second bain où la glace est agitée pendant deux minutes.

Pour les glaces sèches, le second bain n'est pas

utile. Les lavages entraînent l'éosinate d'argent libre.

Sèches ou humides, les glaces éosinées sont, proportions gardées, moins sensibles d'un tiers que les glaces ordinaires. On en tiendra compte en prolongeant le temps de pose.

Il n'y a rien à changer dans les deux cas au développement normal.

L'éosine à reflet jaune, qui joue le double rôle de sensibilisateur chimique et optique, supprime l'emploi du verre jaune qu'on interpose à l'arrière de l'objectif, dans la chambre noire.

Le collodion éosiné donne des négatifs plus transparents que les formules ordinaires. On peut s'en servir en conséquence dans la reproduction des gravures et des dessins estompés noirs.

Par l'usage, tout sensibilisateur chimique colore le bain d'argent.

On le remet en état par une ébullition de quelques minutes dans une capsule en porcelaine, en y laissant tomber goutte à goutte une solution de permanganate de potasse dosée comme il suit :

Eau distillée	100cc
Permanganate	2gr

On arrête l'addition de permanganate quand la dernière goutte versée colore le bain en rose, si cette coloration se maintient pendant une demi-minute.

On filtre les bains après refroidissement et l'on acidule légèrement pour chasser l'alcalinité communiquée par la potasse.

Une trop grande quantité d'acide paralyserait l'effet de l'éosine en détruisant la coloration jaune.

Le papier réactif doit n'accuser qu'une faible réaction.

Gélatinobromure isochromatique.

D'après MM. Obernetter et le Docteur Vogel (1), on rend les plaques au gélatinobromure ordinaires sensibles au rouge et au jaune en les plongeant pendant quelques minutes dans le sensibilisateur qui suit :

Azaline à $\frac{1}{500}$	4^{cc}
Ammoniaque	1
Alcool	30
Eau	70

Les plaques sont ensuite séchées à l'étuve.

Les mêmes auteurs affirment que les glaces ordinaires émulsionnées à la gélatine ne laissent rien à désirer si elles sont immergées, traitées comme précédemment, dans cet autre bain qui

(1) VOGEL, *La Photographie des objets colorés avec leurs valeurs réelles*. Traduit de l'allemand par HENRY GAUTHIER-VILLARS In-8, avec figures dans le texte et 2 planches ; 1887 (Paris, Gauthier-Villars).

leur communique une grande sensibilité pour les couleurs les plus réfractaires.

Érythrosine à $\frac{1}{1000}$	25^{cc}
Solution de nitrate d'argent à $\frac{1}{1000}$.	25
Eau distillée.	100

Nous n'entrons pas dans d'autres développements et nous renvoyons ceux de nos lecteurs qui s'occupent spécialement d'isochromatisme à l'Ouvrage du Dr Vogel que nous avons cité plus haut.

FIN.

TABLE DES MATIÈRES

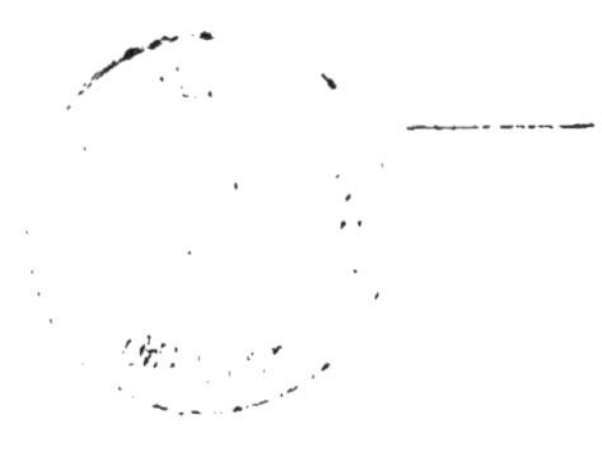

CHAPITRE IV.

CHAPITRE V.

CHAPITRE VI.

CHAPITRE VII.

DEUXIÈME PARTIE.

CHAPITRE I.

TROISIÈME PARTIE.

CHAPITRE I.

Pages.

CHAPITRE II.

FIN DE LA TABLE DES MATIÈRES.

Paris. — Imp. Gauthier-Villars et Fils, 55, quai des Grands-Augustins.

LIBRAIRIE DE GAUTHIER-VILLARS ET FILS,

Quai des Grands-Augustins, 55. — PARIS.

(Envoi franco contre mandat de poste ou valeur sur Paris.)

EXTRAIT DU CATALOGUE DE PHOTOGRAPHIE.

Agle. — *Manuel pratique de Photographie instantanée.* In-18 jésus, avec nombreuses figures dans le texte ; 1887. 2 fr. 75 c.

Audra. — *Le gélatinobromure d'argent.* Nouveau tirage. In-18 jésus ; 1887. 1 fr. 75 c.

Baden-Pritchard (H.), Directeur du *Year-Book of Photography.* — *Les Ateliers photographiques de l'Europe.* (Descriptions, particularités anecdotiques, procédés nouveaux, secrets d'ateliers). Traduit de l'anglais sur la 2e édition, par CHARLES BAYE. In-18 jésus, avec figures dans le texte ; 1885. 5 fr.

On vend séparément :

Ier Fascicule : *Les ateliers de Londres*......... 2 fr. 50 c.
IIe Fascicule : *Les ateliers d'Europe*........... 3 fr. 50 c.

Batut (Arthur). — *La Photographie appliquée à la reproduction du type d'une famille, d'une tribu ou d'une race.* In-16 colombier, avec 2 planches phototypiques ; 1887. 1 fr. 50 c.

Burton (W.-K.). — *A B C de la Photographie moderne*, contenant des instructions pratiques sur le *Procédé sec à la gélatine*. Traduit sur la 3e édition anglaise par G. HUBERSON. In-18 jésus avec fig. ; 1884. 2 fr. 25 c.

Clément (R.). — *Méthode pratique pour déterminer exactement le temps de pose en Photographie*, applicable à tous les procédés et à tous les objectifs, indispensable pour l'usage des nouveaux procédés rapides. 2e édition. In-18 ; 1884. 1 fr. 50 c.

Colson (R.). — *La Photographie sans objectif.* In-18 jésus, avec planche spécimen ; 1887. 1 fr. 75 c.

Colson (R). — *Procédés de reproduction des dessins par la lumière.* In-18 jésus ; 1888. 1 fr

Cordier (V.). — *Les insuccès en Photographie ; causes et remèdes.* 6e édition avec figures. In-18 jésus ; 1887. 1 fr. 75 c.

Davanne. — *La Photographie. Traité théorique et pratique.* 2 beaux volumes grand in-8, avec nombreuses figures, se vendant séparément :

Ire PARTIE : Notions élémentaires. — Historique — Épreuves négatives. — Principes communs à tous les procédés négatifs. — Épreuves sur albumine, sur collodion, sur gélatinobromure d'argent, sur pellicules, sur papier, avec 2 planches spécimens et 120 figures dans le texte ; 1886. 16 fr.

IIe PARTIE : Épreuves positives : Daguerréotype. — Épreuves sur verre et sur papier. — Épreuves aux sels de platine, de fer, de chrome (procédé au charbon).—Impressions photomécaniques.—Divers : Agrandissements. — Micrographie. — Stéréoscope.—Les couleurs en Photographie.—Notions élémentaires de Chimie; vocabulaire; 1888.

Dumoulin. — *La Photographie sans laboratoire* (Procédé au gélatinobromure. Agrandissement simplifié). In-18 jésus; 1886. 1 fr. 50 c.

Geymet.— *Traité pratique de Photographie* (Éléments complets, Méthodes nouvelles, Perfectionnements), suivi d'une instruction sur le *Procédé au gélatinobromure.* 3e édition. In-18 jésus; 1885. 4 fr.

Geymet. — *Traité pratique du procédé au gélatinobromure.* In-18 jésus; 1885. 1 fr. 75 c.

Geymet. — *Éléments du procédé au gélatinobromure.* In-18 jésus; 1882. 1 fr.

Geymet. — *Traité pratique de Photolithographie.* 3e édition. In-18 jésus; 1888. 2 fr. 75 c.

Geymet.— *Traité pratique de Phototypie.* 3e édition. In-18 jésus; 1888. 2 fr. 50.

Geymet. — *Procédés photographiques aux couleurs d'aniline.* In-18 jésus; 1888. 2 fr. 50 c.

Geymet. — *Traité pratique de gravure héliographique et de galvanoplastie.* 3e édition. In-18 jésus; 1885. 3 fr. 50 c.

Geymet. — *Traité pratique de Photogravure sur zinc et sur cuivre.* In-18 jésus; 1886. 4 fr. 50 c.

Geymet. — *Traité pratique de gravure et d'impression sur zinc par les procédés héliographiques.* 2 volumes in-18 jésus, se vendant séparément :

Ire Partie : Préparation du zinc; 1887.................. 2 fr.
IIe Partie : Méthodes d'impression. — Procédés inédits; 1887. 3 fr.

Geymet. — *Traité pratique de gravure en demi-teinte par l'intervention exclusive du cliché photographique.* In-18 jésus; 1888. 2 fr. 50 c.

Geymet.— *Traité pratique de gravure sur verre par les procédés héliographiques.* In-18 jésus; 1887. 3 fr. 75 c.

Geymet. — *Traité pratique des émaux photographiques. Secrets* (tours de mains, formules, palette complète, etc.), *à l'usage du photographe émailleur sur plaques et sur porcelaines.* 3e édition. In-18 jésus; 1885. 5 fr.

Geymet. — *Traité pratique de Céramique photographique.* Épreuves irisées or et argent (Complément du *Traité des émaux photographiques*). In-18 jésus; 1885. 2 fr. 75 c.

Godard (E.), Artiste peintre décorateur. — *Traité pratique de peinture et de dorure sur verre. Emploi de la lumière; application de la Photographie.* Ouvrage destiné aux peintres, décorateurs, photographes et artistes amateurs. In-18 jésus; 1885. 1 fr. 75 c.

Joly. — *La Photographie pratique.* Manuel à l'usage des officiers, des explorateurs et des touristes. In-18 jésus; 1887. 1 fr. 50 c.

Klary, Artiste photographe. — *Traité pratique d'impression photographique sur papier albuminé*. In-18 jésus, avec figures; 1888. 3 fr. 50 c.

Klary. — *L'Art de retoucher en noir les épreuves positives sur papier*. In-18 jésus avec fig; 1888. 1 fr.

Klary. — *L'Art de retoucher les négatifs photographiques*. In-18 jésus; 1888. 2 fr.

Klary. — *Traité pratique de la peinture des épreuves photographiques* avec les couleurs à l'aquarelle et les couleurs à l'huile, suivi de *différents procédés appliquées aux photographies*. In-18 jésus; 1888. 3 fr. 50 c.

Klary, Artiste photographe. — *L'éclairage des portraits photographiques*. 6e édition, revue et considérablement augmentée, par Henry Gauthier-Villars. In-18 jésus, avec figures dans le texte; 1887. 1 fr. 75.

Liesegang (Paul). — *Notes photographiques. Le procédé au charbon. Système d'impression inaltérable*. 4e édition. Petit in-8, avec figures dans le texte; 1886. 2 fr.

Londe (A.), Chef du service photographique à la Salpêtrière. — *La Photographie instantanée*. In-18 jésus, avec belles figures dans le texte; 1886. 2 fr. 75 c.

Martens (J.). — *Traité élémentaire de Photographie*, contenant le procédé au collodion humide, le procédé au gélatinobromure d'argent, le tirage des épreuves positives aux sels d'argent, le tirage des épreuves politives au charbon. In-16; 1887. 1 fr. 50 c.

Moock. — *Traité pratique complet d'Impression photographique aux encres grasses de Phototypographie et de Photogravure*. 3e édition entièrement refondue par Geymet. In-18 jésus; 1877. 3 fr.

Mouchez (Amiral). — *La Photographie astronomique à l'Observatoire de Paris et la Carte du Ciel*. In-18 jésus, avec figures dans le texte et 7 planches hors texte, dont 6 photographies de la Lune, de Jupiter, de Saturne, de l'amas des Gémeaux, etc., reproduites par l'héliogravure, la photoglyptie, etc., et une planche sur cuivre; 1877. 3 fr. 50 c.

Pizzighelli et Hübl. — *La Platinotypie. Exposé théorique et pratique d'un procédé photographique aux sels de platine, permettant d'obtenir rapidement des épreuves inaltérables*. Traduit de l'allemand par Henry Gauthier-Villars. 2e édition revue et augmentée. In-8, avec figures et platinotypie spécimen; 1887.

Broché........................ 3 fr. 50 c.
Cartonné avec luxe.......... 4 fr. 50 c.

Rayet (G.). — *Notes sur l'histoire de la Photographie astronomique*. Grand in-8; 1887. 2 fr.

Robinson (H.-P.). — *De l'effet artistique en Photographie. Conseils aux Photographes sur l'art de la composition et du clair obscur*. Traduction française de la 2e édition anglaise par Hector Colard. Grand in-8 avec figures; 1885. 3 fr. 50 c

Robinson (H.-P). — *La Photographie en plein air. Comment le photographe devient un artiste*. Traduit de l'anglais par

HECTOR COLARD, Membre de l'Association belge de Photographie. 2 volumes grand in-8 se vendant séparément.

Ire PARTIE. — Des plaques à la gélatine. — Nos outils. — De la composition. — De l'ombre et de la lumière. — A la campagne. — Ce qu'il faut photographier. — Des modèles. — De la genèse d'un tableau. — De l'origine des idées. Avec figures dans le texte et 2 planches photolithographiques; 1886. 2 fr. 75 c.

IIe PARTIE. — Des sujets. — Qu'est-ce qu'un paysage? — Des figures dans le paysage. — Un effet de lumière. — Le Soleil. — Sur terre et sur mer. — Le Ciel. — Les animaux. — Vieux habits! — Du portrait fait en dehors de l'atelier. — Points forts et points faibles d'un tableau. — Conclusion. Avec figures et 2 planches photolithographiques; 1886. 2 fr. 50 c.

Roux (V.). — *Traité pratique de Zincographie.* Photogravure Autogravure, Reports, etc. In-18 jésus; 1885. 1 fr. 25 c.

Roux (V.). — *Traité pratique de Photographie décorative appliquée aux arts industriels.* (Photocéramique et lithocéramique. Vitrifications. Emaux divers. Photoplastie. Photogravure en creux et en relief. Orfèvrerie. Bijouterie. Meubles. Armurerie. Epreuves directes et reports polychromiques.) In-18 jésus; 1887. 1 fr. 25 c.

Viallanes (H.), Docteur ès Sciences et Docteur en Médecine. — *Microphotographie. La Photographie appliquée aux études d'Anatomie microscopique.* In-18 jésus, avec une planche phototypique et figures; 1886. 2 fr.

Vidal (Léon). — *La Photographie des débutants.* Procédé négatif et positif. In-18 jésus, avec fig. dans le texte; 1886. 2 fr. 50 c.

Vidal (Léon). — *Manuel du touriste photographe.* 2 volumes in-18 jésus, avec 2 planches spécimens et nombreuses figures, se vendant séparément :

Ire PARTIE : Couches sensibles négatives. — Objectifs. — Appareils portatifs. — Obturateurs rapides. — Pose et Photométrie. — Développement et fixage. — Renforçateurs et réducteurs. — Vernissage et retouche des négatifs; 1885. 6 fr.

IIe PARTIE : Impressions positives aux sels d'argent et de platine. — Retouche et montage des épreuves. — Photographie instantanée. — Appendice indiquant les derniers perfectionnements. — Devis de la première dépense à faire pour l'achat d'un matériel photographique de campagne et prix courant des produits les plus usités; 1885. 4 fr.

Vieuille (G.). — *Guide pratique du photographe amateur.* In-18 jésus; 1885. 2 fr.

Vogel. — *La Photographie des objets colorés avec leurs valeurs réelles.* Traduit de l'allemand par HENRY GAUTHIER-VILLARS. In-8, avec figures dans le texte et 4 planches; 1887.

Broché .... 6 fr.
Cartonné avec luxe .... 7 fr.

Paris. — Imp. Gauthier-Villars et fils, 55, quai des Grands-Augustins.

www.ingramcontent.com/pod-product-compliance
Ingram Content Group UK Ltd.
Pitfield, Milton Keynes, MK11 3LW, UK
UKHW021107260726
13994UKWH00002B/768